DIREITO DA SAÚDE COMPARADO – ASPECTOS GLOBAIS EM EVIDÊNCIA

OPORTUNIDADES, DESAFIOS E IMPACTOS

Organizadora

Verônica Scriptore Freire e Almeida

Beatriz Scandolera
Cláudio Luiz Masutti
Eduardo Leandro de Queiroz e Souza
Graziela Nóbrega da Silva
Guilherme Aurélio Santos Trindade
Kleber Leandro de Oliveira
Maristela Aparecida Steil Basan
Mateus Santana Gomes Varjão
Paola de Oliveira
Tatiana Barone Sussa
Verônica Scriptore Freire e Almeida

LAWINTER EDITIONS
New York - Zürich

2026

Editorial Board

AF834596

DIREITO DA SAÚDE COMPARADO – ASPECTOS GLOBAIS EM EVIDÊNCIA
OPORTUNIDADES, DESAFIOS E IMPACTOS

Lawinter Editions and Lawinter Review have an Editorial Board of distinguished scholars, divided by languages, subjects and countries worldwide, who guide the long-term development of the activities.
The Board advises on the needs of users, reviews books and articles to existing content, makes recommendations for new books, and advises on policies that affect both Lawinter Review and Lawinter Editions.
For more information about the Lawinter Editions´ Editorial Board, see the complete list of the members here:
http://www.lawinter.com/editors.htm

Library of Congress Cataloging-in-Publication Data
ALMEIDA, Verônica Scriptore Freire e | Organizer.
Title: Direito da Saúde Comparado – Aspectos Globais em Evidência. Oportunidades, Desafios e Impactos / edited by Verônica Scriptore Freire e Almeida.
Authors: Beatriz Scandolera - Cláudio Luiz Masutti - Eduardo Leandro de Queiroz e Souza - Graziela Nóbrega da Silva - Guilherme Aurélio Santos Trindade - Kleber Leandro de Oliveira - Maristela Aparecida Steil Basan - Mateus Santana Gomes Varjão - Paola de Oliveira - Tatiana Barone Sussa - Verônica Scriptore Freire e Almeida.
First edition. | New York: Lawinter Editions, 2026.
Includes bibliographical references and index.
ISBN 978-3-03927-044-6 (pbk.)

Subjects: Health Law – Comparative Law – International Law – International Health Law.

LAWINTER WORLD GROUP
© Lawinter Editions, New York. Library of Congress: NRC103986.
© Lawinter Editions, Zürich. Verlagsnummer -ISBN Agentur Schweiz: 978-3-9525199.
© Lawinter Editions in partnership with Amazon KDP University.
© Lawinter Review, New York. ISSN 2153-4020. ISSN National Centre for the USA.
© Lawinter Review, New York. OCLC-Online Computer Library Center – USA. OCLC Number: 516234013.
© Lawinter.com, New York and Zürich.
© The Author(s), under exclusive global license to Lawinter Review and Lawinter Editions, New York – Zürich.
This Work is subjected to copyright. All rights reserved. Except as permitted under the United States Copyright Act, no part of this publication may be reproduced or distributed in any form or by any means, or stored in a database or retrieval system, without prior permission of the Publisher.
The Publisher, the Authors and the Editors are safe to assume that the advice and information in this Review are believed to be true and accurate at the date of publication. Neither the Publisher nor the Authors or the Editors give a warranty, expressed or implied, with respect to the material contained herein or for any errors or omissions that may have been made. The Publisher remains neutral with regard to jurisdictional claims in published maps and institutional affiliations.
The articles, chapters and books are the exclusive responsibility of the Authors, and do not compromise the Editorial Board, Lawinter Review, and Lawinter Editions.
Send all inquiries to:
Lawinter Editions: editions@lawinter.com .

Printed in the United States of America.
2026

Verônica Scriptore Freire e Almeida

(Org.)

DIREITO DA SAÚDE COMPARADO – ASPECTOS GLOBAIS EM EVIDÊNCIA

OPORTUNIDADES, DESAFIOS E IMPACTOS

Beatriz Scandolera
Cláudio Luiz Masutti
Eduardo Leandro de Queiroz e Souza
Graziela Nóbrega da Silva
Guilherme Aurélio Santos Trindade
Kleber Leandro de Oliveira
Maristela Aparecida Steil Basan
Mateus Santana Gomes Varjão
Paola de Oliveira
Tatiana Barone Sussa
Verônica Scriptore Freire e Almeida

ISBN: 978-3-03927-044-6

LAWINTER EDITIONS
New York - Zürich

SUMÁRIO

APRESENTAÇÃO

DIREITO DA SAÚDE COMPARADO –

ASPECTOS GLOBAIS EM EVIDÊNCIA

OPORTUNIDADES, DESAFIOS E IMPACTOS

Verônica Scriptore Freire e Almeida [1] *****

Os estudos e investigações acerca dos direitos integrados à saúde ultrapassam as fronteiras nacionais.

Com efeito, o presente século elevou a saúde ao patamar global.

---

[1] * **Verônica Scriptore Freire e Almeida**:
-Doutora em Direito Econômico pela Faculdade de Direito da Universidade de Coimbra, em Portugal, com reconhecimento e revalidação pela Universidade de São Paulo-USP (2009-2016).
-Mestre em Direito Econômico pela Faculdade de Direito da Universidade de Coimbra, em Portugal, com reconhecimento e revalidação pela Universidade de São Paulo-USP (2005-2008).
-Pós-Graduada em Direito, área de especialização em Ciências Jurídico-Econômicas, pela Faculdade de Direito da Universidade de Coimbra, em Portugal (2005-2006).
-Residiu em Washington DC, EUA, em período de Pesquisa Acadêmica Doutoral (2015-2016) e Pós-Doutoral (2016-2017) na Georgetown University (Law Center).
-Professora Universitária desde 2008, em cursos de Graduação e de Pós-graduação.
-Professora Permanente do Programa de Pós-Graduação Stricto Sensu, Mestrado em Direito da Saúde, da Universidade Santa Cecília.
-Líder do Grupo de Pesquisa de Estudos Comparados em Direito da Saúde, certificado no CNPQ, e do Grupo de Pesquisa de Ambiente Digital Aplicado às Relações Internacionais, também certificado no CNPQ.
-Editor-in-Chief do Global Health Law Journal - periodicos.unisanta.br/index.php/GHL .
-Advogada, inscrita na Ordem dos Advogados do Brasil, atuando, no Brasil e no exterior, nas áreas de Direito Econômico, Trust Law, Direito Internacional, Direito Empresarial, Direito da Saúde e Direito Digital.
-E-mail: veronicascriptore@adv.oabsp.org.br .

Isto porque, não obstante os desafios enfrentados atingirem a globalidade dos interesses de pesquisa, as oportunidades e o desenvolvimento de políticas públicas, em diferentes partes do planeta, ensejam comparações e fenômenos positivos de imitação.

Em outras palavras, aquilo que é bem implementado em determinado país, pode ser incorporado em outro em benefício das pessoas.

Neste sentido, relevantes aspectos do Direito da Saúde estabelecidos na União Europeia, nos Estados Unidos da América e no Brasil podem servir de referência em qualquer parte do mundo.

Com este espírito, e com este foco, é que a presente Obra é integrada por avançados estudos que direcionam à compreensão do Direito da Saúde em âmbito comparado.

Essencialmente, destaca-se que, o Livro é composto por enredados e modernos temas como o panorama sobre o uso da realidade virtual na saúde, a comparação acerca dos influenciadores digitais de saúde no Brasil, nos Estados Unidos da América e na União Europeia, e a gestão de dados de saúde na era digital.

Por outro lado, a Obra apresenta estudos contributivos em desafios internacionais comparados como a escassez de medicamentos, e os paradigmas e avaliações sobre a gravidez na adolescência, no contexto dos Estados Unidos da América e do Brasil.

No mesmo passo, os capítulos do Livro também percorrem dinâmicas comparativas sobre a autonomia do paciente, a dignidade humana, a saúde e a segurança no trabalho, o acesso aos dados de saúde dos pacientes, as organizações sociais de saúde, e o sistema de gestão compartilhada.

Oportuna a menção aqui, que em regra, o Brasil, os Estados Unidos da América e a União Europeia foram escolhidos como espaços de análise.

A riqueza dos conhecimentos gerados a partir da pesquisa realizada pelos Autores e Autoras eleva o presente Livro como uma destacada contribuição científica ao Direito da Saúde, em geral, e ao Direito Internacional e Comparado da Saúde, em especial.

Tudo, pois, para apresentar, de forma didática e organizada, estudos com vistas ao aprimoramento do Direito da Saúde, na vertente comparativa.

Por conseguinte, desejamos boas leituras!

Verônica Scriptore Freire e Almeida

Apresentação

DIREITO DA SAÚDE COMPARADO – ASPECTOS GLOBAIS EM EVIDÊNCIA

OPORTUNIDADES, DESAFIOS E IMPACTOS

PANORAMA SOBRE O USO DA REALIDADE VIRTUAL NA SAÚDE

Mateus Santana Gomes Varjão [1]*

Introdução

A Realidade Virtual é o termo empregado para descrever um ambiente tridimensional gerado por computador, no qual uma pessoa poderá explorar e interagir com o mesmo. O ambiente de realidade virtual abrange três princípios: imersão, interação e envolvimento. Desse modo, ao ser inserido em uma realidade virtual, o usuário estende a percepção de seus sentidos. Tais recursos permitem que ele experimente a sensação de estar realmente em uma realidade paralela. Para que essa experiência seja sentida são utilizados alguns equipamentos, como por exemplo, os óculos de realidade virtual, rastreadores, capacetes, fones de ouvido, dentre outros (REIS, 2020).

A utilização do capacete permite a visualização de imagens tridimensionais, já os sensores de captura de movimento possibilitam que se determine a posição espacial no ambiente visual. Os usuários podem ouvir os sons através de auscultadores e interagir com os objetos virtuais por meio de dispositivos de entrada, tais como manípulos eletrônicos e luvas virtuais. Como

---

[1] * **Mateus Santana Gomes Varjão**:
-Bacharel em Direito (2019-2024) e Mestrando em Direito da Saúde (ambos pela Universidade Santa Cecília).
-Estágio nas áreas de Direito Penal e Consumidor.
-Cursou informática na Micromix (2011-2012) nos módulos World, Excel, Power Point e Access. Estudou três anos de inglês na Cultural Norte Americano (CNA). Cursou hardware por dois anos na Microcamp. Estudou canto popular na Black Bird.

resultado, os mesmos sentem-se como se conseguissem movimentar e observar o ambiente simulado.

Nas últimas décadas, a aplicação desta tecnologia expandiu da indústria do entretenimento para a área da saúde. Nesse cenário, profissionais de diferentes ramos tem explorado os efeitos da realidade virtual em diversos segmentos como a psicologia, a medicina e a fisioterapia. Em comparação com os métodos tradicionais, a realidade virtual demonstra certo grau de eficiência nas áreas mencionadas. Tal tecnologia tem sido utilizada na saúde em diversos países como os EUA, Brasil, Japão, Inglaterra, Tailândia e Austrália.

1. História da realidade virtual

Após a Segunda Guerra Mundial, a Força Aérea dos Estados Unidos construiu simuladores de voo que estabeleceriam as bases para o desenvolvimento da realidade virtual. Em paralelo a isso, na indústria de entretenimento, o cineasta americano Morton Heilig patenteou em 1962 o Sensorama, uma cabine multimídia que unia estímulos sonoros, mecânicos e olfatórios, possibilitando a simulação de uma experiência multissensorial com visão estereoscópica. A máquina permitia que o usuário simulasse um passeio pré-gravado de motocicleta por Manhattan (FARIA et al. 2014, p.107).

Tempo depois, na Universidade de Utah, em meados de 1965, Ivan Sutherland apresentou em sua tese de doutorado uma caneta óptica capaz de desenhar diretamente na tela de um computador. Isso representou uma base para a criação da computação gráfica interativa. Sutherland também criou o primeiro vídeo-capacete funcional para gráficos de computador, que possibilitava o usuário enxergar, através da movimentação de sua cabeça, os diferentes lados de uma estrutura de arame na forma de um cubo flutuando no espaço (FARIA et al. 2014, ps.107,108).

Posteriormente, Myron Krueger, na Universidade de Wisconsin, iniciou estudos com realidade artificial e, em 1975, desenvolveu o Videoplace, onde uma câmera de vídeo era usada para filmar os participantes. A imagem bidimensional era projetada em uma tela. A interação dos participantes entre si e com os objetos projetados ficou conhecida como Realidade Virtual de Projeção (FARIA et al. 2014, p.108).

Já em 1982, Thomas Furness, com o objetivo de treinar pilotos para voo e combate, criou para a Força Aérea dos EUA o VCASS (Visually Coupled Airborne Systems Simulator), também conhecido como "Super Cockpit". A tecnologia consistia em um simulador de cabine de avião que, através do uso de computadores e vídeo-capacetes interligados com áudio e vídeo, com alta qualidade de resolução nas imagens e velocidade com o trabalho dessas imagens, possibilitava o aprendizado do piloto acompanhada de uma liberdade para movimentação (FARIA et al. 2014, p.108).

Futuramente, em 1984, Michael McGreevy, utilizando-se de uma tecnologia de visores de cristal líquido (LCD), desenvolveu o projeto Virtual Visual Environment Display (VIVED), na NASA. A parte de áudio e vídeo foi construída sobre uma máscara de mergulho utilizando dois visores de cristal líquido com visualização de imagens estereoscópicas e com pequenos autofalantes instalados. No ano seguinte, Scott Fisher acrescentou ao projeto luvas de dados, reconhecimento de voz, síntese de som estéreo e retorno háptico (FARIA et al. 2014, p.108).

Em 1985, Thomas Zimmerman e Scott Fisher desenvolveram uma luva de dados denominada Data Glove. Ela era capaz de captar a movimentação e inclinação dos dedos da mão. Em 1986, a NASA continha um ambiente virtual que possibilitava interatividade através de comandos de voz e o manejo de objetos virtuais utilizando o movimento das mãos, ou seja, visualização pelo capacete e interatividade por meio das luvas. (FARIA et al. 2014, p.108).

Após esse período de significativa contribuição da Força Aérea dos EUA e da NASA na otimização da realidade virtual, objetivando o treinamento de militares, o desenvolvimento de sistemas de realidade virtual se estendeu ao comércio e pesquisas em diferentes empresas governamentais e privadas. Nesse cenário, a AutoDesk apresentou em 1989 um sistema de realidade virtual baseado num computador pessoal (FARIA et al. 2014, p.108). Anos depois, em 1997, pesquisadores do Instituto de Tecnologia da Geórgia, nos EUA, realizaram um estudo com um conjunto de veteranos de guerra traumatizados que não haviam extinguido seu traumas com as terapias convencionais (OLIVETO, 2018).

O programa, intitulado Vietnã Virtual, expunha os pacientes a simulações baseadas no que eles haviam presenciado durante a guerra. Ao inserir o headset de realidade virtual na cabeça, eles "voltavam" às selvas vietnamitas ou à cabine de um Huey (helicóptero utilizado durante a Guerra do Vietnã". Enquanto o terapeuta controlava o software, intensificando, por exemplo, os sons de batalha, os pacientes relatavam seus traumas. Ao final do tratamento os voluntários apresentaram melhoras. Posteriormente, o teste foi aplicado em outros pacientes em diferentes cenários, simulando situações distintas (OLIVETO, 2018).

2. Realidade virtual no exercício da Medicina

No exercício da medicina, a realidade virtual tem sido empregada para a visualização tridimensional de órgãos internos, proporcionando uma compreensão melhor das condições clínicas dos pacientes. Já no tratamento, a tecnologia tem sido aplicada em terapias como as de reabilitação (DE JESUS et al, 2023, p.3). Sua aplicação também auxilia na formação dos médicos, incluindo treinamentos cirúrgicos e simulações de procedimentos médicos, permitindo que os estudantes de medicina desenvolvam determinadas habilidades profissionais (FARIA et al, 2014, p.1).

O ambiente virtual permite praticar as operações médicas várias vezes sem expor pacientes a riscos. Tais programas possibilitam que o médico otimize suas técnicas e conhecimentos em práticas cirúrgicas, que no cenário dos treinamentos convencionais seria mais difícil (ROJAS, 2010 apud DE JESUS et al, p.3).

Tal imersão permite uma maior qualificação e simplificação do aprendizado em razão da capacidade de interação e observação mais ampla no tocante aquilo que está sendo ensinado. Uma que vez que a realidade virtual produz uma visualização mais detalhada da anatomia é possível realizar análises mais minuciosas da estrutura interna do corpo humano, ou seja, obter visões mais seletivas do corpo, de modo a observar regiões que dificilmente seriam acessadas de forma convencional. Um exemplo de instituição nos EUA que aplicou tal tecnologia é a Universidade de Stanford que adotou um simulador de cirurgias. O equipamento possibilita que os estudantes treinem suas técnicas sem riscos e obtenham avaliações instantâneas caso cometam algum erro (REIS, 2020).

Outro exemplo a se ressaltar é o Hospital da Tokyo Women's Medical University, localizado no Japão. Durante a pandemia da COVID-19 ele transmitiu cirurgias através da realidade virtual utilizando uma câmera em 8K suspensa sobre a mesa cirúrgica que exibia as operações médicas ao vivo. O objetivo do equipamento era auxiliar alunos de medicina durante a pandemia, de modo que pudessem visualizar as operações sem o contato presencial, evitando a exposição desses aos riscos da COVID-19. Os estudantes acompanhavam a operação utilizando um headset de realidade virtual (SZAFRAN, 2020)

Por mais que a experiência não fornecesse uma perspectiva tão íntima aos alunos quanto em um acompanhamento presencial da operação, a câmera possibilitava uma visão melhor quando comparada a condição de ter que ficar olhando por cima dos ombros do cirurgião ou assistir do lado de fora da sala de cirurgia. Tal tecnologia demonstra que as transmissões ao vivo podem melhorar o ensino de medicina mesmo após a pandemia (SZAFRAN, 2020).

As transformações nos métodos de ensino nas escolas médicas foram favoráveis para a aplicação de novas tecnologias pedagógicas. À medida que as tecnologias se aprimoram, as possibilidades se tornam mais complexas e atraentes. Diante da autonomia docente na coordenação das atividades de ensino, a inserção da realidade virtual como método de aprendizagem permanece um desafio que depende da vontade da instituição em investir nessa tecnologia, formação técnica e alteração das práticas pedagógicas, evidentemente, sem desconsiderar aquilo que foi construído com os métodos tradicionais (DE JESUS et al, 2023, p.4).

A realidade virtual tem sido utilizada por várias instituições brasileiras nos cursos de medicina. Pode-se citar como exemplo a Universidade Federal do Rio de Janeiro (UFRJ), que contém um Laboratório de Tecnologia e Simulação em Saúde que emprega técnicas de simulação, realidade virtual e aumentada para o treinamento dos estudantes de medicina, enfermeiros e outros profissionais da saúde. Isso contribui para o aperfeiçoamento das técnicas, elevação da confiança e a redução de erros durante procedimentos (DE JESUS et al, 2023, p.5).

Já a Faculdade de Medicina da Universidade de São Paulo (USP) aplica a simulação de realidade virtual no treinamento de cirurgiões, anestesistas e outros profissionais da saúde, ajudando a diminuir as complicações e o tempo de internação. Pode-se destacar também a Faculdade de Ciências Médicas da Universidade de Campinas (UNICAMP) que contém uma plataforma de realidade virtual para o treinamento de estudantes de medicina em casos de emergência e atendimento de trauma, aumentando a eficiência, melhoras na tomada de decisões e redução de erros durante os procedimentos (DE JESUS; JÚNIOR, LODDI, 2023, p.5).

Outro exemplo de instituição que adotou a realidade virtual para fins médicos é a Universidade de Washington, nos EUA, que realizou experimentos que demonstraram que tal tecnologia pode ser utilizada para amenizar a dor que os pacientes sentem quando determinados procedimentos médicos são realizados. A instituição desenvolveu um jogo chamado Snoworld, que visa estimular os sentidos do paciente. A partir disso, realizou-se um teste com pessoas vítimas queimaduras que foram instruídas a jogar o game enquanto os médicos faziam a limpeza de suas feridas, procedimento que é considerado doloroso (MORSCH,2020).

A realidade virtual também auxilia em outro desafio que as faculdades de medicina enfrentam: uma vez que o conhecimento em anatomia é indispensável na formação médica, a dissecação de cadáveres humanos é essencial no ensino dos estudantes de medicina. Todavia, a obtenção dos cadáveres apresenta desafios. Para o processo de doação de corpos para fins de estudo e pesquisa em cursos de medicina, os doadores podem emitir uma declaração em vida, com firma reconhecida em cartório, indicando a pretensão de doar seus corpos após o óbito. Também é possível a doação pelos familiares, por meio de uma declaração com firma reconhecida, indicando a faculdade de medicina para onde o cadáver será encaminhado (DE JESUS et al, 2023, p.5).

A faculdade, por sua vez, deve manifestar interesse em receber o cadáver e arcar com as responsabilidades legais, incluindo a comunicação ao cartório e à família. A certidão de óbito indicará a faculdade de medicina para onde o cadáver foi encaminhado. Neste cenário onde a obtenção dos cadáveres encontra desafios burocráticos e depende da boa vontade dos doares, a realidade virtual possibilita o aperfeiçoamento das capacidades visuais e espaciais dos estudantes de medicina nas relações anatômicas, otimizando o processo de aprendizagem visando a formação de um profissional dotado de uma visão holística do paciente (DE JESUS et al, 2023, p.5).

3. Realidade virtual e a medicina nuclear

Outro campo da saúde no qual a realidade virtual tem sido utilizada é o da medicina nuclear (ciência que utiliza a radiação para realizar tratamentos e exames médicos). Ela é exercida através do uso dos radiofármacos. Estes consistem em substâncias químicas formadas por átomos radioativos e moléculas que direcionam a radiação para partes específicas do corpo humano.

Tais compostos químicos possibilitam a avaliação de órgãos e tecidos, assim como processos fisiológicos e metabólicos, por meio de exames de imagem, podendo assim analisar o funcionamento de determinada região ou órgão, não se limitando a somente uma imagem estática da área. Isso auxilia na identificação de anomalias ainda em seus estágios iniciais, como tumores, doenças cardíacas e neurológicas, antes mesmo que causem mudanças anatômicas detectáveis por outros tipos de exames. O uso dos radiofármacos também se estende ao tratamento de doenças de maneira direcionada, liberando radiação diretamente no local da patologia, sobretudo em casos de câncer, visando o desmantelamento de células doentes sem lesar o tecido saudável (BARRA,2024).

As preparações de radiofármacos devem estar em conformidade com determinados parâmetros de qualidade, eficácia e segurança (farmacêutica e nuclear), atendendo aos requisitos dispostos nas boas práticas de fabricação, assegurados pela estrutura física, segurança e proteção radiológica. Um dos principais desafios está relacionado ao fluxo de radiofármacos, que implica na exposição à radiação ionizante, que por sua vez apresenta riscos biológicos ao corpo humano, como por exemplo danos à pele, resultando em queimaduras, úlceras ou outras lesões cutâneas superficiais ou profundas; aumento do risco de catarata, síndrome aguda da radiação; danos ao sistema nervoso central podem conduzir doenças como Parkinson, Alzheimer, esclerose amiotrófica, entre outros (CLINIMED,2023). Fatores como este tornam necessários treinamentos que simulem situações reais, todavia, estas situações são limitadas, devido ao risco ao qual um profissional não especializado pode ser exposto caso as normas de radioproteção não sejam cumpridas.

Neste cenário, a tecnologia de realidade virtual auxilia no treinamento e qualificação de profissionais em radiofarmácia através do uso de simuladores que possibilitam a geração de um ambiente gráfico visualmente realista, no qual o usuário pode navegar e manipular o mundo virtual. Desse modo, a tecnologia serve como ferramenta auxiliadora no planejamento e treinamento de profissionais de radiofarmácia (MACHADO et al, 2023, p.25). Um exemplo de instituição que adotou tal tecnologia na área é a Prince of Songkla University, localizada na Tailândia (KHAMRUANG MARSHALL et al, 2024, p.1).

4. Uso da realidade virtual no tratamento de Ansiedade

A ansiedade atinge inúmeras pessoas em diferentes níveis de intensidade. Neste cenário, a Terapia Cognitivo-Comportamental (TCC) é utilizada para tratar de distúrbios de ansiedade, todavia, pode-se observar desafios de acessibilidade, como a escassez de recursos, a distância geográfica e o estigma social associado ao tratamento de saúde mental. Em meio a esses desafios, a realidade virtual surge como uma alternativa para superar tais questões, proporcionando um ambiente seguro e controlado para expor os doentes às circunstâncias que geram ansiedade. A realidade virtual possibilita a exposição dos pacientes a situações potencializadoras de estresse e ansiedade de um modo seguro e controlado, possibilitando que tais indivíduos aprendam a lidar com tais situações de modo mais eficaz (BASTOS, 2023, p.14).

Além disso, os terapeutas podem utilizar a realidade virtual para configurar os cenários mais adequados às necessidades específicas de cada paciente, o que eleva a eficácia do tratamento. Enquanto o ambiente clínico apresentado pelos demais métodos tradicionais de tratamento das perturbações de ansiedade pode se revelar intimidador ou desencorajador, a realidade virtual proporciona um meio mais atrativo para vários pacientes, elevando a disposição dos mesmos para buscar tratamento. A facilidade de acesso à técnica, em relação à necessidade de deslocação, também é outro ponto favorável (BASTOS, 2023, p.14).

A técnica também possibilita que os terapeutas monitorem o progresso dos pacientes de modo mais eficiente, podendo utilizar a realidade virtual para analisar a resposta destes a diferentes estímulos de ansiedade e configurar o tratamento de acordo. Isso se demonstra útil nos casos em que o progresso do paciente não pode ser facilmente medido, como em distúrbios de ansiedade mais leves. A sensação de imersão realista gera uma conexão do paciente ao cenário útil nos casos de fobia social, onde possivelmente ele se sentira mais confortável em treinar habilidades sociais num ambiente virtual do que em situações reais (BASTOS, 2023, p.14).

Por mais que um terapeuta seja necessário para complementar o uso de realidade virtual, existem tecnologias como a teleterapia que fornecem ao paciente acesso às sessões de terapia em qualquer local e momento, desde que esse tenha acesso à internet e a um dispositivo adequado. Isso é útil para pacientes que se encontram em áreas remotas ou que possuam dificuldade em se locomover até um consultório, elevando a acessibilidade ao tratamento (BASTOS, 2023, p.15).

Mesmo apresentando vantagens, seu custo e disponibilidade tecnológica ainda são obstáculos para vários pacientes. Também deve-se considerar a necessidade de profissionais capacitados para realizá-la. Outro fator a se observar é que determinados pacientes podem não se sentir confortáveis em ambientes virtuais ou podem preferir métodos terapêuticos mais tradicionais. Ainda assim, o uso da realidade virtual como método de tratamento para transtornos de ansiedade revela-se como uma área de pesquisa promissora e potencialmente capaz de gerar benefícios para os pacientes e profissionais de saúde mental (BASTOS, 2023, p.15). Um exemplo de clínica que já aplicou a realidade virtual no tratamento de ansiedade é a Health Psychology Clinic, localizada em Londres, Inglaterra (HEATH EUROPA, 2018).

5. O uso da realidade virtual na Fisioterapia

Ao longo dos anos, várias abordagens terapêuticas foram exploradas para otimizar os resultados de reabilitação de pacientes na fisioterapia. Nesse cenário, a realidade virtual emergiu como uma tecnologia promissora. Existem diferentes condições em que ela pode ser utilizada no ramo, como nos casos dos pacientes com disfunções motoras que visam retomar a capacidade de praticar atividades cotidianas. A técnica consiste em produzir ambiente virtual gerado por computador que simula o mundo real, possibilitando que o paciente interaja com objetos e estímulos em um ambiente controlado (SANTOS; SILVA, 2023).

Já nos casos de pacientes com lesões cerebrais, a técnica pode ser empregada para ajudar na reabilitação de vítimas de traumatismo craniano ou outras condições que atingem o cérebro, podendo melhorar a mobilidade, a coordenação motora e o equilíbrio por meio de exercícios específicos (SANTOS; SILVA, 2023).

No tocante aos pacientes com lesões na medula espinhal, ela pode ajudar a melhorar a força muscular, a mobilidade e a função da bexiga e do intestino, que podem ser afetados por esse tipo de lesão. Além disso, pode ser eficaz na reabilitação de pacientes com dor crônica, incluindo condições como fibromialgia e dor lombar crônica. A imersão em um ambiente virtual agradável pode atenuar a sensação de dor e fornecer uma distração para o paciente (SHAHRBANIAN S., et al., 2017 apud SANTOS; SILVA, 2023).

Outra condição em que a realidade virtual pode ser aplicada é em pacientes com doenças neurológicas, como Parkinson e a esclerose múltipla. A técnica pode beneficiar a mobilidade, equilíbrio e coordenação motora por meio de exercícios específicos e imersivos (MIRELMAN et al., 2016 apud SANTOS; SILVA, 2023).

Os ambientes simulados gerados por essa tecnologia podem ser adaptados às necessidades de cada paciente, proporcionando um feedback visual e auditivo imersivo e interativo. No contexto da reabilitação de pacientes com disfunções motoras por exemplo, a realidade virtual contribui para a motivação e adesão ao tratamento; aumento na intensidade e frequência dos exercícios; estimula à independência e à autonomia, além de apresentar um monitoramento e avaliações mais precisas dos resultados obtidos (SANTOS; SILVA, 2023).

Além disso, a tecnologia pode ser empregada em diferentes etapas da Reabilitação, desde a fase inicial até a fase avançada. Na fase inicial, por exemplo, pode ela ser utilizada para fornecer informações visuais e auditivas sobre a lesão e os tratamentos disponíveis. Todavia, ressalta-se que a realidade virtual deve ser usada como uma técnica complementar à fisioterapia tradicional, e não como uma substituta, uma vez que fisioterapia tradicional ainda é a base do tratamento e é fundamental para examinar e monitorar o progresso do paciente (SANTOS; SILVA, 2023). Ressalta-se também que ela precisa ser utilizada com cautela em pacientes com problemas de visão ou problemas de equilíbrio, devendo ser prescrita somente por fisioterapeutas treinados (LAVER, et al., 2017 Apud SANTOS; SILVA, 2023).

Um exemplo de empresa que utiliza a realidade na fisioterapia é a Engage VR, uma clínica de saúde multidisciplinar localizada na Austrália. Ela aplica a tecnologia na reabilitação de pacientes visando estimular o envolvimento desses nos exercícios através de jogos. Desse modo, ao mesmo tempo em que se divertem eles podem desenvolver melhorias como equilíbrio e coordenação (TRUDINGER, 2021). A ideia se destaca na aplicação em pacientes pediátricos, revelando-se útil inclusive com crianças autistas, que podem apresentar um comportamento introvertido, rejeitar a prática de esportes ou a possibilidade de estar perto de muitas pessoas (TRUDINGER, 2021).

Outra empresa australiana que utiliza a realidade virtual na fisioterapia é Lusio Rehab que também desenvolveu um conjunto de videogames para a reabilitação. Emparelhados com sensores vestíveis, os jogos LusioMATE podem ser consumidos através de um dispositivo móvel na clínica ou em casa. Também existe a possibilidade dos médicos criarem um programa individualizado para seus pacientes, assim como acompanhar o progresso dos usuários. A plataforma pode ser aplicada por fisioterapeutas em condições agudas e crônicas variadas como na reabilitação de derrames, dor crônica, lesões na coluna, e condições musculoesqueléticas que necessitam do gerenciamento do condicionamento físico. A plataforma pode simular paisagens relaxantes, como praias ou florestas (TRUDINGER, 2021).

Tais fatores contribuem com a motivação dos pacientes, tornando-a realidade virtual benéfica para programas de reabilitação de longo prazo. Um paciente em recuperação de uma lesão na perna pode por exemplo praticar a caminhada em diferentes superfícies e inclinações em um ambiente simulado antes de tentar exercer a atividade no mundo real. Tais simulações podem ser adaptadas às necessidades específicas de cada paciente (FRANKISH, 2024).

Por mais que a Realidade Virtual apresente potencial para otimizar a prática clínica da Fisioterapia, essa tecnologia ainda contém algumas limitações que devem ser consideradas, das quais incluem:

a) Custo: a aquisição de equipamentos de realidade virtual pode ser bastante onerosa, o que pode dificultar o acesso dessa tecnologia por parte de alguns profissionais e instituições de saúde.

b) Desafios de transporte: os equipamentos de realidade virtual podem ser volumosos e pesados, dificultando sua mobilidade e transporte para diferentes locais, como clínicas ou residências de pacientes.

c) Necessidade de especialização: a aplicação da realidade virtual na fisioterapia requer conhecimentos específicos, tanto em relação ao equipamentos quanto na adaptação dos exercícios terapêuticos para esse formato. Sendo assim, é importante que os profissionais da área recebam treinamentos e capacitações específicas.

d) Limitações técnicas: a qualidade da experiência de realidade virtual pode ser influenciada por fatores técnicos, como a resolução da tela, a taxa de quadros e a latência. Tais limitações podem afetar a imersão do paciente na terapia, comprometendo a eficácia do tratamento.

e) Restrições de uso: a Realidade Virtual pode não ser apropriada para todos os pacientes, sobretudo aqueles com doenças neurológicas graves, como epilepsia. Além disso, alguns pacientes podem sentir desconforto com o uso dos equipamentos, o que pode comprometer a adesão ao tratamento.

Sendo assim, apesar das vantagens da realidade virtual na fisioterapia, é importante que os profissionais avaliem cuidadosamente as limitações dessa tecnologia e as adaptem às necessidades e objetivos específicos de cada paciente. Apesar dos resultados promissores, ainda há lacunas no conhecimento referente as melhores práticas para o emprego da técnica, sendo necessário realizar mais estudos com amostras maiores e mais heterogêneas, incluindo diferentes faixas etárias e patologias, visando analisar a eficácia e segurança dessa tecnologia em diferentes populações. Também é importante considerar a individualização do tratamento, considerando as necessidades e objetivos específicos de cada paciente (SANTOS; SILVA, 2023).

Conclusão

Buscou-se nesse capítulo, analisar como a realidade virtual auxilia em diferentes áreas da saúde. Ela se revelou como uma ferramenta valiosa na educação médica, contribuindo para a formação de profissionais mais preparados e seguros. A utilização de simuladores e ambientes virtuais permite que estudantes pratiquem procedimentos complexos sem riscos para pacientes, aumentando a confiança e reduzindo a probabilidade de erros durante intervenções cirúrgicas.

No campo da medicina nuclear, ela melhora o treinamento desses profissionais e facilita a compreensão de processos fisiológicos complexos, permitindo diagnósticos mais precisos e tratamentos mais eficazes. A capacidade de visualizar estruturas internas em um ambiente tridimensional é um avanço que pode transformar práticas clínicas.

Entretanto, a implementação da realidade virtual ainda enfrenta desafios. A resistência à mudança nos métodos tradicionais de ensino, a necessidade de investimentos em tecnologia e formação técnica, além das questões relacionadas à acessibilidade e aceitação por parte dos pacientes, são barreiras que precisam ser superadas. A continuidade das pesquisas é essencial para otimizar as aplicações da realidade virtual e garantir que as práticas sejam adaptadas às necessidades específicas de cada paciente.

Em suma, os benefícios observados no uso da realidade virtual em instituições de diferentes países justificam os investimentos nesta tecnologia. À medida que se avança na pesquisa e no desenvolvimento de novas aplicações, espera-se que a realidade virtual se torne uma ferramenta promissora e integrantes para os profissionais da saúde, promovendo um atendimento mais eficaz e holístico.

Referências

BARRA, Renato. O que são radiofármacos e como eles ajudam no tratamento de doenças? IMEB, 2024. Disponível em: https://imeb.com.br/o-que-sao-radiofarmacos-e-como-eles-ajudam-no-tratamento-de-doencas/

BASTOS, Celso Teixeira. Tratamento das Perturbações de Ansiedade através da Realidade Virtual. Instituto de Ciências Biomédicas Abel Salazar, Universidade do Porto. 2023. Disponível em: https://repositorio-aberto.up.pt/bitstream/10216/150970/2/633967.pdf

CAVEIRO, Diogo Barbosa. Opinião dos alunos e docentes da Faculdade de Ciências da Saúde sobre a introdução de óculos de realidade virtual e holograma na prática e ensino da Medicina. Universidade da Beira Interior. Abril de 2018. Disponível em: https://d1wqtxts1xzle7.cloudfront.net/100630933/304001971-libre.pdf?1680532690=&response-content-disposition=inline%3B+filename%3DOpiniao_dos_alunos_e_docentes_da_Faculda.pdf&Expires=1733714028&Signature=asD3UrFWtWz3ytljv379vxJ5Nn2Wy7MnaEQ7q29xlorKKvbO5Bi5zu-L5jttRQz9EoYtZw~0U7skwFkKdhdfFnXA8COkESdCqnPisFXp-HaGHIkC-Uh0fQz7cq3eVELRW2fdvlZ4Cv05QfGg8a3i0c9hmzRmu3VFATyuGQbkgYK-

EXVnGvdEaHq22~-mj3cfWUxXyoxTOfxWtSCCrQXofH6cXUkiglmwn8vCDiO00v2l3XvDm8A46Ho9wNSi-JmtFEFtpgjcn-8UPniC418REm~G-gGn~ZXfXkPm34G1Bkm45Xfcx2mqk~CZ~gwuoC0KzaAx0zJnCzsv2arP09n~tQ__&Key-Pair-Id=APKAJLOHF5GGSLRBV4ZA

CLINIMED. Quais os riscos do trabalho em ambientes radioativos? Clinimed Saúde Ocupacional, 2023. Disponível em: https://clinimedsaudeocupacional.com.br/trabalho-em-ambientes-radioativos/. Acesso em: 30 jul. 2025.

DE FARIA, José Weber V.; FIGUEIREDO, Eberval Gadelha; TEIXEIRA, Manoel Jacobsen. Histórico da realidade virtual e seu uso em medicina. Rev Med (São Paulo). 2014 jul.-set.;93(3):106-14. Disponível em: https://www.revistas.usp.br/revistadc/article/view/103403

DE JESUS, Lucas Folheto; JÚNIOR, Marcelo Alves Felipe; LODDI, Willian Pires. Uso da realidade virtual na educação e treinamento médico. VII Workshop de Tecnologia da Fatec Ribeirão Preto – Vol.1 – n.7 – jul/2023. Faculdade de Tecnologia de FATEC Ribeirão Preto (FATEC) Ribeirão Preto, SP – Brasil. Disponível em: http://www.fatecrp.edu.br/WorkTec/edicoes/2023-1/trabalhos/SBM/artigo7.pdf

FARIA, José Weber V.; FIGUEIREDO, Eberval Gadelha; TEIXEIRA, Manoel Jacobsen. Histórico da realidade virtual e seu uso em medicina. Revista de Medicina, São Paulo, 2014. Disponível em: https://revistas.usp.br/revistadc/article/view/103403/101876. Acesso em: 30 jul. 2025.

FRANKISH, Felicity. Integration of virtual reality in physiotherapy. Health Times, 2024. Disponível em:

https://healthtimes.com.au/hub/physiotherapy/8/guidance/ff/integration-of-virtual-reality-in-physiotherapy/8709/?utm_source=chatgpt.com. Acesso em: 27 jul. 2025.

HEALTH EUROPA. Virtual reality therapy for anxiety. Health Europa, 2018. Disponível em: https://www.healtheuropa.com/virtual-reality-therapy-anxiety/85906/?utm_source=chatgpt.com. Acesso em: 27 jul. 2025.

KHAMRUANG MARSHALL, Suphalak; SIRIEAK, Nantakorn; KARNKORN, Pornchanok; KEAWTONG, Virunyupa; HAYEEABDUNROMAE, Awatif; NOOMAD, Nadia; DURAWEEE, Wanita; CHEEWAKUL, Jongwat. Nuclear medicine radiological hot laboratory simulation: a mixed-method intervention study on immersive virtual reality for sustainable education. *Applied Sciences*, [S.l.], v. 14, n. 12, p. 5041, 2024. Molecular Imaging and Cyclotron Center, Department of Radiology, Division of Nuclear Medicine, Faculty of Medicine, Prince of Songkla

University, Songkhla, Thailand. Disponível em: https://www.mdpi.com/2076-3417/14/12/5041. Acesso em: 30 jul. 2015.

MACHADO, Daniel Mol; MOL Antônio Carlos de Abreu, ESPÍRITO SANTO, André Cotelli, LAPA, Celso Marcelo Franklin, SUITA Júlio Cezar. O Uso da Realidade Virtual como Ferramenta de Auxílio na Implantação de um Centro de Radiofarmácia em um Serviço de Medicina Nuclear. Revista Brasileira de Ciências da Radiação. Dezembro de 2023. Disponível em: https://www.researchgate.net/publication/376510479_The_Use_of_Virtual_Reality_as_an_Aid_Tool_in_the_Implementation_of_a_Radiopharmacy_Center_in_a_Nuclear_Medicine_Service

MORSCH, José Aldair. Como utilizar a realidade virtual na medicina e quais seus benefícios. Telemedicina Morsch, 2020. Disponível em: https://telemedicinamorsch.com.br/blog/realidade-virtual-na-medicina. Acesso em: 27 jul. 2025.

OLIVETO, Paloma. Pesquisas mostram eficácia da realidade virtual em tratamentos diversos. Correio Braziliense, 2018. Disponível em: https://www.correiobraziliense.com.br/app/noticia/tecnologia/2018/08/06/interna_tecnologia%2C699345/pesquisas-mostram-eficacia-da-realidade-virtual-tratamentos-diversos.shtml. Acesso em: 27 jul. 2025.

REIS, Leandro. Realidade virtual na medicina: principais usos e benefícios. Mais Laudo, 2020. Disponível em: https://maislaudo.com.br/blog/realidade-virtual-na-medicina/?gad_source=1&gad_campaignid=22711522250&gbraid=0AAAAA-N32NzUgTESJfmLRofpMmj7MqU1T&gclid=Cj0KCQjw-ZHEBhCxARIsAGGN96KBaEHOPfD-CO_Wtq7DMvFi7o336w4axilo5Sp-XEaYQD5Z2VtQQt0aAg0uEALw_wcB. Acesso em: 30 jul. 2025.

SANTOS, João Victor de Lima, SILVA, João Fernando Bezerra, RODRIGUES, Laura de Moura. O uso da realidade virtual na fisioterapia: uma revisão sistemática dos benefícios e limitações. Ciências da Saúde, Volume 27 - Edição 127/OUT 2023 / 24/10/2023. Disponível em: https://revistaft.com.br/o-uso-da-realidade-virtual-na-fisioterapia-uma-revisao-sistematica-dos-beneficios-e-limitacoes/

SCHULZE, Milena Luísa. Realidade virtual e o avanço tecnológico na medicina. Medicinasa, 2021. Disponível em: https://medicinasa.com.br/realidade-virtual-milena-schulze/. Acesso em: 28 jul. 2025.

SZAFRAN, Vinicius. Hospital de Tóquio transmite cirurgias em realidade virtual. Olhar Digital, 2020. Disponível em: https://olhardigital.com.br/2020/05/29/noticias/hospital-de-toquio-transmite-cirurgias-em-realidade-virtual/. Acesso em: 28 jul. 2025.

TRUDINGER, Melissa. Virtual physiotherapy: more than fun and games. Australian Physiotherapy Association, 2021. Disponível em: https://australian.physio/inmotion/virtual-physiotherapy-more-fun-and-games. Acesso em: 27 jul. 2025.

ESCASSEZ DE MEDICAMENTO NO DIREITO COMPARADO BRASIL – EUA

Guilherme Aurélio Santos Trindade [1]*

Verônica Scriptore Freire e Almeida [2]**

Introdução

A escassez de medicamento é algo que impacta diretamente uma população, em especial as populações com maiores vulnerabilidades, no direito

---

[1] * **Guilherme Aurélio Santos Trindade**:
-Mestrando, Bolsista CAPES, PPGD em Direito da Saúde da Universidade Santa Cecília (UNISANTA).

[2] * **Verônica Scriptore Freire e Almeida**:
-Doutora em Direito Econômico pela Faculdade de Direito da Universidade de Coimbra, em Portugal, com reconhecimento e revalidação pela Universidade de São Paulo-USP (2009-2016).
-Mestre em Direito Econômico pela Faculdade de Direito da Universidade de Coimbra, em Portugal, com reconhecimento e revalidação pela Universidade de São Paulo-USP (2005-2008).
-Pós-Graduada em Direito, área de especialização em Ciências Jurídico-Econômicas, pela Faculdade de Direito da Universidade de Coimbra, em Portugal (2005-2006).
-Residiu em Washington DC, EUA, em período de Pesquisa Acadêmica Doutoral (2015-2016) e Pós-Doutoral (2016-2017) na Georgetown University (Law Center).
-Professora Universitária desde 2008, em cursos de Graduação e de Pós-graduação.
-Professora Permanente do Programa de Pós-Graduação Stricto Sensu, Mestrado em Direito da Saúde, da Universidade Santa Cecília.
-Líder do Grupo de Pesquisa de Estudos Comparados em Direito da Saúde, certificado no CNPQ, e do Grupo de Pesquisa de Ambiente Digital Aplicado às Relações Internacionais, também certificado no CNPQ.
-Editor-in-Chief do Global Health Law Journal - periodicos.unisanta.br/index.php/GHL .
-Advogada, inscrita na Ordem dos Advogados do Brasil, atuando, no Brasil e no exterior, nas áreas de Direito Econômico, Trust Law, Direito Internacional, Direito Empresarial, Direito da Saúde e Direito Digital.
-E-mail: veronicascriptore@adv.oabsp.org.br .

comparado no que que diz respeito ao Brasil e os Estados Unidos da América, temos algumas diferenciações como a políticas, de matéria-prima, industriais e mercadológicas.

No Direito Comparado utilizamos de modo estratégico as diferenciações como forma de ferramenta para a análise de problemas que muitas vezes são semelhantes, quando comparamos dois países em diferencias socioeconômicas grandes, temos desafios distintos para analisar o caso em específico.

Quais as políticas públicas utilizadas pelos países para enfrentar os problemas relacionados a escassez de medicamento e as questões socioeconômicas.

A escassez de medicamentos é um fenômeno complexo que envolve fatores econômicos, logísticos, regulatórios e geopolíticos. No Brasil e nos EUA, esse problema tem ganhado destaque nos últimos anos, especialmente após a pandemia de COVID-19, que expôs fragilidades nas cadeias globais de suprimentos. Este artigo utiliza o método do direito comparado para analisar como os dois países lidam com a escassez de medicamentos, identificando semelhanças, diferenças e possíveis soluções.

Causa da Escassez de Medicamento

No Brasil

O Brasil enfrente diversas questões socioeconômicas que dificultam o acesso a medicamentos em especial em alguns medicamentos específicos na qual o Brasil não tenha a patente, ou a matéria-prima.

A escassez de medicamentos no Brasil tem impactos graves, especialmente no Sistema Único de Saúde (SUS), desde a cadeia de abastecimento farmacêutico, como a infraestrutura do Brasil para a distribuição e a capilaridade de abastecimento, entre outros problemas que são de políticas públicas e impactam diretamente na escassez de medicamento.

Desde a Covid-19 os Estados se viam com uma profunda lacuna no abastecimento de medicamentos, incluindo o desabastecimento deles, visto não só no mercado internacional como também no mercado nacional, não só na rede pública com o SUS, como também em redes privadas em todo o país.

A cadeia de fornecimento farmacêutico no Brasil pode ser complexa e envolve diversos fatores nacionais e internacionais, uma das questões mais importantes para o abastecimento constante de medicamento são os insumos farmacêuticos e a cadeia de distribuição do produto, segundo o Ministério da Saúde.

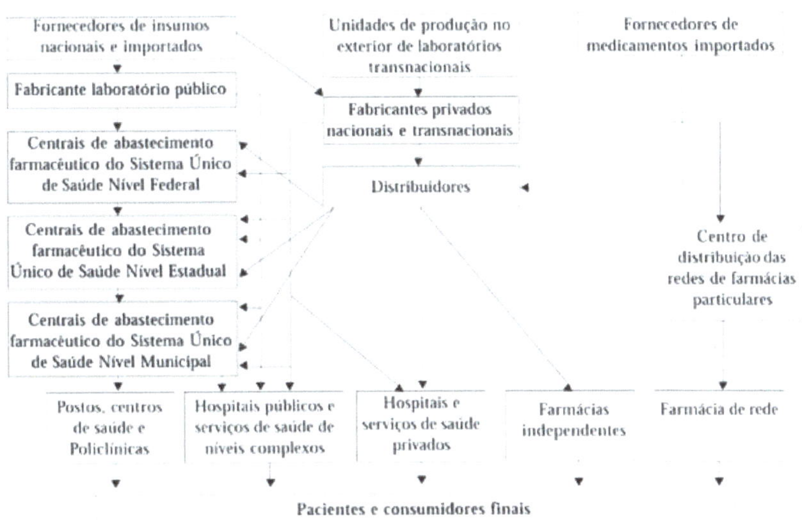

Figura 1. Cadeia de abastecimento farmacêutico (Adaptado de Machile e Amaral Júnior[31].

Podemos visualizar quando o medicamento ou insumo vem de forma importada a dificuldade é muito ampla na ramificação de processos de abastecimento, algo que impacta diretamente no consumidor final.

A principal matéria-prima dos medicamentos é o insumo farmacêutico, controlado pela Política Nacional de Medicamentos no Brasil, regulamentada pela portaria n°. 3.916, de 30 de outubro de 1998, com ajuda da comissão de intergestores tripartite e pelo Conselho Nacional de Saúde.

A lei n°. 8.080/90 que dispõe sobre promoção e recuperação da saúde, no seu Art.6°. Art. 6ºA. As diferentes instâncias gestoras do Sistema Único de Saúde (SUS) ficam obrigadas a disponibilizar nas respectivas páginas eletrônicas na internet os estoques de medicamentos das farmácias públicas que estiverem sob sua gestão, com atualização quinzenal, de forma acessível ao cidadão comum.

Tendo uma diretriz comum com os intergestores tripartite, que o objetivo é garantir a todos os cidadãos uma qualidade no medicamento, menor custo, firmando uma colaboração entre as esferas federais, estaduais e municipais.

O Brasil tem uma lista de medicamentos essenciais que deve ter a sua manutenção de regularidade de estoque e disponibilidade para o paciente final, sendo regularizado pela Relação Nacional de Medicamentos Essenciais (RENAME), controlando a maioria dos tratamentos de patologias existentes no brasil.

A maioria dos medicamentos no brasil está correlacionada com alguma forma de desenvolvimento de pesquisa, sendo a industrialização um importante aspecto para colaborar com a produção dos medicamentos.

Formado por três segmentos de produção e distribuição que são o nacional público, nacional privado, e de empresas com capital transnacional no setor, sendo o último o mais predominante no país.

Segundo o RENAME, os diferentes segmentos industriais, como os abordados acima, se instalado em laboratórios oficiais brasileiros, supri as necessidades de medicamentos essenciais na esfera básica da saúde pública, englobando as esferas estaduais, municipais e do SUS.

O ministério da saúde é referência em produção de medicamentos genéricos, que articula com os demais ministérios a produção de um parque para que possa ser agrupada a produção nacional de medicamento, incluindo a matéria-prima e seus demais insumos.

Com a restruturação da Rede Brasileira de Laboratórios Analítico-Certificadores em saúde (REBLAS), facilitará a testagem dos medicamentos, bem como as suas qualidades.

O uso de todos os medicamentos até a data do vencimento é uma importante política pública para que a população se cuide, evitando futuros gastos com a saúde, campanhas educativas, são essenciais nesses casos.

A lei n°. 9.787/99, conhecida como lei dos genéricos, tem como política baratear os medicamentos no brasil, com preços acessíveis a população, tem como definição de termos a denominação comum brasileira (DCB), denominação comum internacional (DCI), medicamento similar, medicamento genérico e medicamento de referência.

A ANVISA é o órgão responsável por autorizar a comercialização dos medicamentos genéricos no brasil.

A farmacoepidemiologia e a farmacovigilância são fatores de estudo importante de controle dos órgãos competentes na qual o primeiro difere no que diz sobre a utilização racional de tal medicamento, e a farmacovigilância trata os efeitos adversos, análises, avaliações, entre outros fatores.

A falta de medicamentos no paciente final, medicamentos muitas vezes essenciais, como insulinas, antibióticos, e remédios que tratam de doenças crônicas, que pode acarretar problemas de saúde e sobrecarregar a rede pública de saúde.

Os indivíduos que estão em situação de vulnerabilidade são os que mais sentem a falta de medicamentos e políticas públicas especificas que garantem o direito a uma saúde plena como consta na Constituição Federal de 1988, Art. Art. 6º São direitos sociais a educação, a saúde, a alimentação, o trabalho, a moradia, o transporte, o lazer, a segurança, a previdência social, a proteção à maternidade e à infância, a assistência aos desamparados, na forma desta Constituição.

Regiões com maiores dificuldades de acesso também sofrem com a falta de abastecimento de medicamentos tidos como essenciais, ficando na maior vulnerabilidade, já que muitas áreas no brasil são de difícil para chegar o SUS, e o atendimento a esses pacientes.

O SUS já enfrenta dificuldade não só no abastecimento como também no financiamento, pois as políticas públicas para a saúde necessitam de verba específica.

A hiper dependência de importações de insumos farmacológicos, sendo mais de 90% importados de ativos (IFAs) de países como a China e a Índia, visto com a COVID19, que crises internacionais pode dificultar, interromper ou tornar esses insumos insustentáveis do pronto de vista financeiro.

Com as políticas especificas para a produção local, a sua capilaridade de codependência internacional ainda é grande, não tendo investimentos nacionais e internacionais na tecnologia de infraestrutura, insumos e medicamentos.

Com dificuldade inclusive em questões burocráticas, sendo um processo difícil, com várias etapas, o que dificulta o investimento, como também a produção.

Neste passo, a "Resolução ANVISA/DC Nº 304 de 2019 estabelece as Boas Práticas de Distribuição, Armazenagem e Transporte de Medicamentos, visando garantir a qualidade e a disponibilidade dos medicamentos no mercado." (Ministério da Saúde, 2019).

Já a fiscalização de atividades farmacêuticas é estabelecida pela Lei n°13.021 de 2014, que "regula o exercício e a fiscalização das atividades farmacêuticas, incluindo os insumos de medicamentos1. Esta lei estabelece as Boas Práticas de Distribuição, Armazenagem e Transporte de Medicamentos, visando garantir a qualidade e a disponibilidade dos medicamentos no mercado."

O controle sanitário é feito pela Lei n° 5.991 de 1973, que "dispõe sobre o controle sanitário do comércio de drogas, medicamentos, insumos farmacêuticos e correlatos, regulando a produção, importação, exportação, distribuição e comercialização desses produtos."

Essas leis brasileiras têm um impacto importante, a coerência de sua aplicabilidade muitas vezes pode se tornar política, já que implementadas o país não careceria de uma falta de escassez de medicamento.

O Brasil tem por "Modus Operandi" o acesso individual por meio da judicialização seja das pessoas em grau de vulnerabilidade ou pessoas que também utilizam o plano de saúde ou particular, contudo, a maior judicialização vem daquelas que tem acesso a saúde ou compreende os mecanismos para conseguir o acesso ou tratamento ou medicamento.

Nos Estados Unidos da América

Nos Estados Unidos da América (EUA), a escassez de medicamentos é um problema significativo e afeta diversos pacientes, sistema de saúde, que difere do brasil, já que no EUA, não há um sistema de saúde pública que atenda a todos sem cobrar.

O fenômeno cada vez mais frequente na última década com impactos graves em tratamento médicos essenciais deixa a população mais vulnerável, aqueles que não tem os planos e seguros de saúde.

Nos Estados Unidos, várias leis e políticas foram implementadas para prevenir e mitigar escassez de medicamentos, com a covid19 o governo implementou algumas diretrizes importantes.

Food and Drug Administration Safety and Innovation Act (FDASIA) é uma lei, aprovada em 2012, dá à FDA mais poderes para monitorar e prevenir escassez de medicamentos. A FDA pode agora exigir que os fabricantes de medicamentos notifiquem antecipadamente qualquer interrupção na produção que prejudica a cadeia de abastecimento ou os consumidores finais.

Drug Supply Chain Security Act (DSCSA): Esta lei, aprovada em 2013, estabelece um sistema nacional para rastrear e segurar a cadeia de suprimentos de medicamentos, ajudando a identificar e resolver problemas que possam levar a escassez de abastecimento e como resolver o problema.

Vale ressaltar que os valores estratosféricos no gasto de medicamento nos EUA, não correspondem ao acesso a ele, a crise está do lado da oferta, da demanda o new molecular entities FDA), é um término recente na proteção de medicamento altamente rentáveis.

O complexo esquema de modelo de negócios gerido pelas Big Pharma vem sendo aprimorado desde a segunda guerra mundial.

Nos Estados Unidos, as causas da escassez de medicamentos estão inclusas com problemas na cadeia de suprimentos, globalização da produção farmacêutica concentrou a fabricação de medicamentos genéricos em poucos países, como China e Índia, dependendo de acordos políticos e comerciais para o estabelecimento de cadeia produtiva.

Um outro ponto importante é a fusão de big pharma, diminuindo a concorrência e aumentando o risco de interrupções na produção, que por questões econômicas muitas vezes descontinuam medicamentos pelo baixo retorno econômico que eles são.

Por não ter um sistema nacional interligado, o sistema regulatório dos EUA, pode ser lendo ao lidar com a falta de medicamentos para o consumidor final.

Impacto em hospitais e clínicas em especial as instituições de saúde que atendem pessoas vulneráveis ou os planos de saúde popular, enfrentam dificuldades para fornecer tratamentos adequados, especialmente em casos de medicamentos de alto custo.

Temos outras políticas americanas que tentam solucionar os problemas como:

"White Paper da HHS: O Departamento de Saúde e Serviços Humanos (HHS) lançou um documento branco que propõe soluções adicionais para prevenir escassez de medicamentos e trabalhar com o Congresso para garantir que nenhum paciente fique sem os medicamentos necessários.

Políticas de Prevenção e Mitigação de Escassez de Medicamentos Genéricos: O Comitê de Finanças do Senado dos EUA publicou um documento branco que discute opções de políticas para prevenir e mitigar escassez de medicamentos genéricos sob programas federais de saúde.

Essas leis e políticas visam garantir que os pacientes tenham acesso contínuo a medicamentos essenciais e que as interrupções na produção sejam gerenciadas de forma eficaz." (Departamento de Saúde e Serviços Humanos (HHS).

Algumas políticas públicas importantes criadas pelo governo americano a fim de mitigar a falta da escassez de medicamento, e não ficar em uma codependência tão profunda das indústrias farmacêuticas.

A falta de potência da FDA em obrigar as indústrias farmacêuticas a não interromperem as produções medicamentosas são fracos, e depende de fatores econômicos e mercadológicos que as empresas têm total autonomia, em especial pensado no lucro empresarial.

Alternativas em Comparado

Brasil:

Parcerias internacionais, Simplificação regulatória, Melhoria na gestão de estoques, incentivo à produção local, são algumas estratégicas essenciais para mitigar a questão de escassez de medicamentos no Brasil.

EUA:

Incentivos econômicos, diversificação da cadeia de suprimentos, monitoramento e transparência, estoques estratégicos, são pontos importantes para evitar a escassez no EUA.

Direito Comparado

Ao comparar as abordagens do Brasil e dos EUA, algumas lições podem ser aprendidas, ambos os países necessitam de uma autossuficiência na produção de insumos e medicamentos, tendo também uma regulamentação facilitada que não demore, influenciando assim na cadeia produtiva do medicamento.

Nos EUA, o fundamento legal é a regulamentação de mercado e saúde pública, em comparado com o Brasil que é uma norma constitucional, com diferentes agências como ANVISA(BRASIL) e FDA(EUA).

O acesso de ambas se dá geralmente por métodos diferenciados, enquanto no Brasil muitos acessos são concedidos pela judicialização no EUA se dá pela notificação de fabricantes e mitigação.

O foco de atuação para as políticas públicas também é diferenciado, nos EUA é proativo com prevenção em interrupções, já no Brasil é reativo com foco nas demandas judiciais.

A principal causa brasileira são os fatores na gestão pública e na cadeia de suplementos enquanto nos EUA os fatores mercadológicos e econômicos são as verdadeiras causas.

A questão de acordos internacionais e políticas públicas, são essenciais na manutenção dos medicamentos para o paciente final, em especial aos medicamentos essenciais e medicamentos de alto custo.

O investimento na produção técnico científica é demasiadamente importante, pois torna os países mais bem preparados para eventos catastróficos como uma Covid-19.

O direito brasileiro e dos EUA, apesar de diferentes em sua concepção, ter normativas diferenciadas, o alcance de seus regramentos jurídicos são muito similares, tendo ambos os países dificuldade no controle da escassez de medicamentos.

Apesar da super industrialização e poder socioeconômico americano, o sistema de saúde público não abrange a todos, beneficiando apenas uma parte da população, em contrapartida com o brasil que tem um sistema público de saúde que beneficia todos, contudo a falta de poderia socioeconômico e a falta de industrialização dos medicamentos dificulta o acesso ao produto.

Referências

AGÊNCIA NACIONAL DE VIGILÂNCIA SANITÁRIA-ANVISA. https://www.gov.br/anvisa/pt-br . Acesso em 22/08/2025.

BRASIL. Constituição Federal de 1988, https://www.planalto.gov.br/ccivil_03/constituicao/constituicao.htm. Acesso em 22/08/2025.

BRASIL. Lei nº 13.021, de 8 de agosto de 2014. Dispõe sobre o exercício e a fiscalização das atividades farmacêuticas. https://www.planalto.gov.br/ccivil_03/_ato2011-2014/2014/lei/l13021.htm. Acesso em 22/08/2025.

BRASIL. Lei no 5.991, de 17 de dezembro de 1973. Dispõe sobre o Controle Sanitário do Comércio de Drogas, Medicamentos, Insumos Farmacêuticos e Correlatos, e dá outras Providências. https://www.planalto.gov.br/ccivil_03/leis/l5991.htm. Acesso em 22/08/2025.

BRASIL. Lei nº 8.080, de 19 de setembro de 1990. Dispõe sobre as condições para a promoção, proteção e recuperação da saúde, a organização e o funcionamento dos serviços correspondentes e dá outras providências. https://www.planalto.gov.br/ccivil_03/leis/l8080.htm. Acesso em 22/08/2025.

BRASIL. Lei nº 9.787, de 10 de fevereiro de 1999. Altera a Lei no 6.360, de 23 de setembro de 1976, que dispõe sobre a vigilância sanitária, estabelece o medicamento genérico, dispõe sobre a utilização de nomes genéricos em produtos farmacêuticos e dá outras providências. https://www.planalto.gov.br/ccivil_03/leis/l9787.htm. Acesso em 22/08/2025.

FOOD AND DRUG ADMINISTRATION-FDA. https://learn.registrarcorp.com/fnb_dg?lead_source=Google%20Ad&matchtype=e&dev%20ice=c&utm_source=google&utm_medium=cpc&utm_term=fda&utm_content=1190598%2084634&utm_campaign=1587198675&hsa_acc=2630942621&hsa_cam=1587198675&h%20sa_grp=119059884634&hsa_ad=692255023910&hsa_src=g&hsa_tgt=kwd-%2034050692&hsa_kw=fda&hsa_mt=e&hsa_net=adwords&hsa_ver=3&gad_source=1&gc%20lid=CjwKCAiA74G9BhAEEiwA8kNfpRUQQMmP2iCzoeQ0jGe7QqjHSrGkvDMpK3%20AtR6pQbZF4kfC1pmHRRhoCUtMQAvD_BwE . Acesso em 22/08/2025.

MINISTÉRIO DA SAÚDE. Brasil. Política de medicamentos no brasil. https://bvsms.saude.gov.br/bvs/publicacoes/politica_medicamentos.pdf. Acesso em 22/08/2025.

MINISTÉRIO DA SAÚDE. Brasil. Resolução da Diretoria Colegiada -RDC nº 304, de 17 de setembro de 2019. https://bvsms.saude.gov.br/bvs/saudelegis/anvisa/2019/rdc0304_17_09_2019.pdf . Acesso em 15/11/2025.

WHO. About WHO. https://www.who.int/pt/about. Acesso em 22/08/2025.

ANTICIPATED WILL DIRECTIVES: A COMPARATIVE STUDY OF THE IMPACT OF THE THEMES OF PATIENT AUTONOMY AND HUMAN DIGNITY IN THE UNITED STATES AND BRAZIL

Beatriz Scandolera [1]*

Introduction

The questions related to the finite aspect of the human race have always inspired debates, and are always surrounded by taboos since discussions about death are usually avoided or underestimated, especially in Western societies where longevity and youth are praised and celebrated (COSTA, 2004)

Based on this assumption, that the promotion of longevity and the seek for the extension of life expectancy, arises the idea that medicine and sciences altogether aim to study, diagnose and intervene on pathologies with the only goal of healing and restoring patient's life, with any other type of result being seen as a failure from the person in charge.

---

[1] * **Beatriz Scandolera**:
-Master's student in Health Law at Santa Cecilia University - UNISANTA. Santos/SP, Brazil.
-Lawyer graduated from the Pontifical Catholic University of Campinas - PUC CAMPINAS. Campinas/SP, Brazil.
-Currently works as a Lawyer and Civil Law Coordinator at a law firm, working in the areas of Civil Law, Social Security Law and Medical Law.
-Member of the Research Group for Comparative Studies in Health Law, certified by CNPQ.
-Areas of interest: Human Sciences: Medical and Health Law; LGBTQIAP+ Law, Refugee Law; Constitutional Law; Human Rights; Civil Law and Public Health Policies.

Relevant to say that with the extension of longevity the reluctance to discuss death as a natural matter to all also increases, which difficult in certain ways future planning, such as succession plans, and some cases impedes one of the most important individual rights should they face some sort of severe comorbidity, the capacity to abstain themselves from eventual treatments and/or medical procedures leading their will for such.

That said, it's necessary to understand and discuss about the costs of life prolonging tries and the implications of the treatment of choice for the patient, since in many cases this question is not even considered by the infirm, either by religious or familiar issues, or that the holiness permeating life obstructs death of being brought to light in these discussions.

Hence, it is imperative to preserve patient's dignity throughout the treatment as it is part of the fundamental structures of the current Legal Ordering, which must be effectuated and implemented, having a dignified death as one of its biases.

Regarding the relation between doctor-patient, a brief historical retrospect can be done about the topic, where the physician held a significant influence on previous societies, since that relationship was based on a nearly paternalistic bound, which means that the doctor had authority over health issues ignoring the patient's opinion and autonomy when receiving a diagnostic.

Nonetheless, this way of seeing things has been changing, and little by little, the patient's autonomy, especially those in terminal stages, has gained more autonomy regarding the maintenance of human dignity and quality of life.

It is emphasized that in Brazil, although conservative, it follows the majority of western legislations, mainly European, and effectuates dignified death, considering this the other face of human dignity, enabling the Anticipated Will Directives (AWD) and the abstention from treatment as a human right.

Finally, it is important to highlight that human being dignity is extremely relevant for medical sciences, especially for physicians acts towards the patient, as it is them the professional in charge to perform all possible treatments for each case in particular, and explain them for the patient as well so they are capable and able to execute their autonomy towards it, meaning, whereas accepting the treatment or not.

1. Constitutional and Historical Approach of the Human Being Dignity Principle

Kant (KANT, 2006), when analyzing the human being as a whole puts man over a practical bias not supporting themselves only in their acts, but also in their virtues, values, and dignity, where the last one, according to him, gives man the status of human being and differentiates from other beings.

The value and even the concept of dignity of the human being started to be looked upon early in time, with its first registers in Babylon (c. 1694 B.C.E.) with the constant need of live in society and consequently the goal of a society based on fair social orders, excluding therefore every and any form of repression of the wicked by the strongest, either physically or economically.

Looking towards ancient civilizations once more, it is found that the concept of human being searched its foundation in one's position on society, nevertheless having an optic of social pyramid, thus, a citizen with less power and possessions living miserably was less worthy in all aspects than the one who held a vaster patrimony.

As time went by, thoughts were updated based on global-scale events, which were no different with rights. The discussions on human being rights had great force after both World Wars (1914 and 1939, respectively), especially on the World War II however with the Nazi regime which defied directly any dignity ideal to submit Jews, gypsies, and homosexuals to the concentration and extermination fields.

After the end of World War II and 72 thousand deaths, being 62% civilians hunted down by the Nazi regime, the implementation to protect of human being was sought and consequently the protection of human dignity, considered nowadays the great protectionist mark of the referred principle, the Universal Declaration of Human Rights (1948) with its preamble standing out which considers dignity as a right to every person, and also its 1st article (liberty and dignity of all citizens) and 2nd article (which evokes the dignity of all citizens being who they are not allowing any retaliation of any kind towards one's dignity for that).

With the Universal Declaration of Human Rights, States started to dedicated strongly for the promulgation of legislations to assured human being dignity as an intrinsic principle within lawful ordering, or even as a starter point for other laws, and as an instrument of defense for human being seeking the doing of these laws and the maximum effectivity of the principle.

As for Brazil, the first disposition of such matter can be found in the Federal Constitution (1824), yet during the Imperial period, in its 179th article, incision V, which defends the impossibility of persecution due to religion, is a very important aspect of human dignity. In 1891, in the *Carta Magna*, Brazilians were assured their right to freedom, security, and prosperity, in the section titled Rights Declaration, title IV.

Since nothing comes to pass peacefully, the seek for dignity was not different, being a great target of suppression during the military regime – which started in 1964 and finished in 1985; as main acts of defiance to constitutional acts is the number 5 on the 13th of December of 1968 which abolished the possibility of *Habeas Corpus* and virtually ending all protectionist historical and keeper of citizens' dignity that stood out throughout time.

After the end of the dark period of Military Dictatorship, the Brazilian state rebuilt itself regarding the implementation of human dignity and on the 5th of October of 1988 promulgated a more complete Constitution over that matter, projecting a Democratic State of Law.

The Human Being Dignity conceptualization is open to various doctrinal discussions, especially if it would be a principle or value to be within the Brazilian *Carta Magna*.

First of all, it is important to remember the difference between value and principle. The first is an estimative or even an appreciation given to some good or conduct; the second is the nuclear base of every system branching into several strands.

Moreover, both values and principles alter throughout time and as societies evolve. A clear example of such change in thoughts can be found with the concept of slavery, which used to be a common act a few centuries ago, not being accepted by any nation nowadays, however.

Taking into account how the Brazilian Law system works, one can see that the Human Being Dignity fits both as a principle, by being reassured in the Brazilian Republic Constitution from 1988 in almost all clauses from article n. 5, and as an intrinsic value of societies worldwide which have human protection as its central pillar. Sarlet (2015, p.30) lectures about the concept of Human Being Dignity as follows:

> "We have as human being dignity the intrinsic and distinctive quality of every human being who makes themselves worth of the same respect and consideration by the State and community implying a complex of fundamental rights and duties which reassure a person against every and any degrading and inhumane act, as guaranteeing the minimal existential conditions for a healthy life as well, in addition to propitiate and promote one's active participation as co-responsible for the destinies of one's existence and the communion life of others."

Before such conceptualization human beings' dignity as value and principle, can be listed as a right that is born and dies with every individual, being inbuilt to them.

As for Brazil, through this principle, it is assured to all citizens the right to a dignified existence, respecting one's physical and moral integrity, effectuated by the right to life, freedom, health, and education.

Therefore, to live worthily would be to allow citizens' rights to be respected and effectuated by the judicial power that should act in the pro of individuals, holding them safe since it is what every lawful ordering is based on.

2. Dignified Death as an inbuilt right to personality

Before conceptualizing any segment of what constitutes a dignified death, it is necessary to think about what the lawful ordering states as personality rights.

Personality rights present an intimal connection to the idea of an individual, thus, an attribute of a human being, which is the only way to possess rights and duties. According to Gonçalves (2021, p.94) "Personality is, therefore, a basic concept of legal order extended to all men consolidating it in civil legislation and constitutional acts of life, freedom, and equality".

Brazilian Civic Code (2002) favors personality attributes as a human being's inbuilt right, after listing in its 1st article that every person is capable of owning rights as for as duties in the civic sphere. However, at the same time that the effectuation and reassurance of personality rights were sought, an exception has also been looked for in its 2nd article which states that the rights are allowing acquired when born with life.

Regarding the acquisition of personality rights, it is paramount to treat another nuclear topic of the present study, the extension of the referred rights, which takes place through death.

When discussing it, the normative device affirms in its 6th article that the existence of a natural person ends with death. Doctrinally, there are four types of death in the Lawful ordering, with only the real death relevant to the present work.

Real death occurs when brain activity ceases according to the Transplant law (9.434/97), whereas the deceased have no longer rights or obligations, therefore also ending their personality.

Hence, real death extinguishes one's personality by ending one's earthly time, hoping that the once alive person went through a peaceful and dignified death, with their wishes respected, following the ways of effectuation that shall be clarified later on.

3. Of the Patient's Will Autonomy within Brazilian Law

As time went by, areas regarding the thinking process became more notorious in the national and international scenario, such as Philosophy, Sociology, and Anthropology, all of them willing to lean over discussions deeply connected to the juridical sphere as for an example the very core of the present work, the abstention of treatment in case of terminal illnesses.

Such discussion gained strength with the implementation of the Civic Code in 2002, where the abstention treatment is present together with the Medical Ethical Code by the Federal Medical Council; this discussion was not defended in the 1916 codex.

When looking at dignified death through a juridical bias, Coltro and Telles (2010, p.147) argued as follows:

> "Finally, the 'contemporary death' bringing forth dying well, which includes the right to favour death over treatment of untreatable or terminal state, movement started in England, by the end of 1960, and the possibility of palliative care started. According to this ideal, one of the requirements to reach a 'good death' was based on the fact that the moribund themselves had to express their wishes".

Before this concept was presented in the 2002 code, by having the personality rights, there is a basic human being's dignity, and it lists the possibility in its 15th article of a patient's abstention from treatment in life-threatening cases. Regarding this, Gonçalves (2021, p.197):

> "The rule obliges doctors, when in severe cases, not to act without previous consent by the patient, which holds the prerogative of refusing themselves to any dangerous treatment. Its goal is to protect the inviolability of the human body".

It is worth emphasizing, *in casu*, that the present paper must be interpreted as an amplifying form and by understanding "risky treatment" as any form of medical intervention, whether small or big surgery, the use of medicine that eventually may cause side effects to the patient, or even understanding that the alluded abstention can be done in cases of treatments with no threats towards the patient's integrity by their wish.

The Medical Ethical Code, by listing the directives for the medical personnel, states in its Chapter II medical rights, one of them presented in its 2nd article:

> "2nd Article, Medical Ethical Code: to indicate to the patient the suitable procedure, observing the scientifically acknowledged and legally respected by the current legislation practices".

Still using the guidelines of the Federal Medical Council the possibility of refusal by the patient to perform procedures which may harm or aggravates their health state is well-founded on Chapter IV in the codex supra with the doctor's forbidden, meaning the physician should elicit to the patient the risks regarding treatment and respect the decision of terminate or not to execute it, should the patient so desires. It also refers to its 22nd and 24th articles about human rights, with the second an imperative directive for the health care professional not to do it for eventual sanctions before their council, as it is written:

> "Article 22 Medical Ethical Code: not to obtain the patient's consent or their legal representative after clarifying about the procedure to be executed, but in eminent case of death".
>
> "Article 24 Medical Ethical Code: not to guarantee to the patient their lawful right to freely decide over themselves or their well-being, as for their authority to limit it as well".

Regarding patients' rights, Gaudeber teaches as cited by Kfouri (2024, p.31):

> "We have the right to ask for professionals to gather to discuss our illness. The physician, certain of their competence, shall not object. We have the right to dignified death, choosing where and how to do so, and to refuse treatments, hospitalization, and surgical interventions".

Yet, the very same referred topic is supported by the judgment regarding the consultation n. 51.380/00 approved during the 2.635ª Plenary by the Federal Medical Council, which transfers to the patient the autonomy to perform or not a surgical procedure, as follows:

> "Judgment: patient's autonomy must be respected. If the citizen is aware of the diagnosis and treatment proposal, and the medication is rejected, nothing to be done. They must be informed about the risks, and their opinion must be accepted. The appropriate documents must be completed, and the patient shall sign a responsibility form. However, when in life threatening situation the physician may carry on the treatment disregarding patient's will according to article 46 from the Medical Ethical Code which states: It is vetoed for the physician: Article 46 – to effectuate any medical procedure without clarification and patient's consent or their legal representative, but in life threatening situations."

It is also important to highlight that the abstention of treatment and usage of anticipated directives of will differ from suicide or euthanasia, as a branch of human dignity which seeks a dignified death as something longed for and necessary for the patient who finds themselves already in a terminal state and not some sort of terminate life.

The current civic code (2002) is appropriate to move aside any obligation regarding medical treatment allowing free will to the patient for taking decisions, as the physician has notified them about all risks and possibilities as for side effects as well, removing their civic responsibility, and acting accordingly to the Federal Medical Council, and yet giving the possibility of decision taking made by a living will that culminates in the Anticipated Will Directives.

That said, before the briefly and previous explanation about euthanasia and suicide it is safe to say they differ from treatment abstention since their origins, not being possible to understand the last one to be compared or even mistaken by the others, since the person in this position abstain themselves from a treatment aiming a dignified death, finding support within legislation and resolutions by the Federal Medical Council.

3.1 Of the medical duty to inform

The doctor-patient relationship evolved throughout time; in ancient times, there as the figure of a healer or priest who acted healing ill people applying natural techniques taking a long walk for doctors to play their current role.

Not so long ago, a doctor was seen as a family friend, not being chosen by their technical capacity, but by a tradition, custom deeply rooted in the core of society.

With the advance of medicine, such sacred tradition bounded by trust lost its strength not ceasing to existing however. Nonetheless, the vision of the health care professional changed its goal having hospitals as the core of its acts, with specialized team and gear, breaking the bound doctor-patient, and transforming it into something more and more professionally strict.

The doctrine understands the doctor's obligation primarily as a central conceptualization, meaning that the patient hires the cure, but not the necessary medical procedure to terminate a particular illness. The physician is not bound by a duty to heal them, but will use everything at their disposal to do so, except in a few cases, such as plastic surgeons, which will not be discussed due to the scope of this work.

As for the duty of informing by liberal professionals, especially doctors, due to their importance for the present study, it is mister to emphasize that this duty is foreseen on the 6th article, III, from the Consumer Protection Code, setting the role of basic rights inbuilt to it.

Doctors have the obligation to inform their patients in their activities descriptions, as for the patient's family when necessary, about risks surrounding the treatment, and the medicine of choice.

They should inform the patient, respect their will in cases of treatment abstention, since it is a right inbuilt to human personality as shall be seen.

4. Anticipated Directives of Will and their role in the effectuation of a Dignified Death

With everything that was discussed about dignity, death, and patients' autonomy, Anticipated Directives of Will can be seen as an effort to die worthily in Brazil since euthanasia is forbidden.

These directives branch out into two: durable power of attorney for health and living will, which can be found together in the same document.

Durable power of attorney for health consists of a nomination of prosecutor by the patient – health prosecutor – by a document that shall present the range of power and which decisions the patient desires to be taken when temporarily or permanently incapable of caring for themselves, assuring their will to be fulfilled as previously written.

As for the living will finds support on o § 2 article 1.857 from the 2002 Civic Code which foreseen the validity of non-patrimonial testamentary regulations whereas the patient will draw up a document with their will regarding the making of wills or medical decisions, which must be signed in the presence of a National Wills Register qualified professional or a notary.

Dadalto (2015) understands by living will that “the person capable of manifesting their wishes about treatment suspension to be used when the grantor is found in a terminal state, persistent vegetative state, or incurable chronic disease, making it impossible to manifest freely and consciously their will”.

By choosing any of the options, the fully capable patient manifests through a juridical act their will not to receive a specific treatment or medical intervention that would allow, in a painful way, the prolonging of their existence when making use of the right of treatment abstention by a doctor's recommendation.

In both cases, we understand “juridical support” when the patient's wishes are fulfilled, faced with an eventual impossibility to manifest their wishes due to their current illness, highlighting that such directives can be revoked or altered at any time.

The Anticipated Directives of Will are closely related to will autonomy, a right that belongs to the contractual right which allows both parties to agree how it suits them regarding the very same contract within what says the law, and what says the Human Being Dignity precepts previously discussed; not being an illicit by the doctor to take in the patient's will in such cases since the professional only would suspend treatment due manifested will by the patient, not acting actively in the suppression of their life. In this context, Carvalho and Carvalho (2011, p.147-148):

> “Hence, it is not considered illicit to take in a patient's will on living will as the human being has the right to freely not submit to unnecessary treatments aiming to prolong the agony and suffering of merely vegetative life. Beyond suffering caused towards the person, violating their dignity, also affects their loved ones. Therefore, perfectly and lawfully, the expressed will disposition on living will by a

> conscious and capable person about medical procedures they accept or deny when in terminal illness, when incapable of expressing their will. The living will may be elaborated publicly before a notary public upon declaratory deed, or authentic private letter, since it is not supported by any law, does not demand the same requirements of common living wills".

Finally, not complying with a living will might lead to monetary compensation, either by moral or material injury, depending on the type of injury, since the personality rights must be fulfilled by all means, and a dignified death as one of those rights should also be effectuated and respected.

4.1 Considerations on Anticipated Directives of Will in Brazil – Analysis of the Resolution n. 1.995/2012 by the CFM in Brazil and the law n. 2986/2022

In Brazil, little is effectively argued about Anticipated Directives of Will, having any possibility of advancing on its initial phase, as shall be demonstrated, knowing that the lack of politicians in certain gaps of legislation creates insecurity among health care professionals on how to proceed in these cases.

One of the great advances on the theme was the formal acknowledgement of Anticipated Directives of Will by the Federal Council of Medicine on its resolution n. 1995/2012, which foresees and establishes the normative for registration and implementation of Anticipated Directives of Will, as it is written:

> "Article 2: Of the decisions about the care and treatments of patients incapable of communication, or to express freely and independently their will, the physician shall take into account their anticipated directives of will.
> §3º: Patient's anticipated directives shall prevail over any other medical judgement, including familiar wishes".

That means, according to the Federal organ document that the health care professional will be bound to the patient's will when formulating their anticipated directive will always looking after their autonomy and comfort before a situation of terminal illness.

Legally speaking, there is no federal law that guides and affirms the institute of Anticipated Directives of Will on the Brazilian Juridical Ordering, having only legal state papers as for the law n. 14.254/2003 from Paraná, and the law n. 16.279/2006 from Minas Gerais, which allows the disposition of treatments but only to capable patients, beyond principled interpretations and applications about human being dignity in the light of the resolution n. 1995/2012 by the FMC.

Recently, taking into account such a legal gap, the discussion was reinforced since Senator Lasier Martins (PODEMOS-RS) presented a law project (PL n. 2986/2022) which provides for the institute, however, only treats specific situations in the law, limiting patients' autonomy. Legislation, even that innovative, is found restrictive for the manifestation of will is directly attached to the patient's health state (terminal/chronic and/or neurodegenerative/vegetative/irreversible conditions), thus needing to be confirmed by two different physicians.

In conclusion, regarding the national panorama, even that limited patient's autonomy, mainly for the fact that it is not enough for the responsible doctor for the case attests patient's health condition, depending on a second opinion to be validated, the law project n.1986/2022 is the beginning of a long walk to anticipated directives of will standardization within the Brazilian Juridical Ordering.

5. Anticipated Directives of Will in the United States

The United States was the pioneer on the theme, having their discussions going back to 1967, proposed by the Euthanasia Society of America (ESA) which started to utilize the term "living will" to talk about such matter.

Then in 1969, lawyer Luis Kutner developed a study named "Due process of euthanasia: the living will, a proposal", where he presented premises for the elaboration of a document model for that the patient could affirm their will of refusal to treatment supported by the right of privacy of the one who is found in an irreversible or untreatable state.

The first legislative mark on the topic took place in 1975 when the California state elaborated the Natural Death Act granting the patient the autonomy and right secured by law to deny or suspend treatment prescribed by a health care professional.

This legislation was important for not only securing and giving prominence to the patient in such a delicate moment, but also secured the physician from eventual lawsuits for have accepted the patient's directive of not treating themselves.

After this, many other movements aiming to provide for patient's dignity and autonomy happened culminating in the Patient self-determination act of 1990 (PDSA) created by the US congress, and which regulates patient's rights regarding decision-making about their health.

Nowadays, the discussions on the matter are far advanced in the USA with other documents existing which possess the same validity, and also seek to effectuate patient's rights, and assure them their wish shall be done, as for the Advance medical care directive, a form that specifies patient's wishes about medical cares in case on inability to express their own will after talking to the responsible medical team, guiding the professional towards the comprehension of the patient as a whole and what led they to that decision; Combined directive, where there is a nomination of a prosecutor chosen by the patient to precede decisions making, being such nomination also based in their values; and the Physician Orders for Life-Sustaining Treatment (Polst), a form to be filled in by the physician that indicates alternative treatments to the patient after this one has decided to suspend or not to comply to what was previously proposed by the professional.

6. Comparative analysis of the theme between Brazil and the United States based on the presented legislation

Firstly, both countries, even that differently seek to make use of the Anticipated Directives of Will, aiming at the effectuation, autonomy, and dignity of the same.

What comes to pass is that having initiated discussions back in the 1960s, the United States are far more advanced on the theme, also taking advantage of others' directives such as the living will and the prosecution of health care, as previously cited.

Nevertheless, such an advance is also important internationally since it gives visibility to them, and also serves as a model for implementation in other countries, such as Brazil, where the Federal Medical Council (FMC) absorbed some ideas from the PDSA when elaborating the resolution n. 1995/2012 and the law project n. 2986/2022.

One can analyze that Brazil walks at a very slow pace compared to other nations, even having an enormous legal difference, considering the US regarding the right to death being the main focus of the interference, the individual way of thinking within national politics, where fanaticism of own ideals surpasses the search for dignity effectuation.

The law project to verse about Anticipated Directives of Will turns out to be significant to bring to light such discussion about themes already inserted in the global legislative scenario for a long period, as for the will autonomy, treatment abstention, termination, death, and especially the patient's dignity.

Conclusion

The present study sought to analyses how the Anticipated Directives of Will can effectuate human being dignity by the patient's will autonomy, who is many times found in a terminal state or irreversible condition, compared to the application to the Brazilian and United States of America judicial ordering institutes.

Yet, the present paper looked to surpass the divergences regarding treatment refusal as a personality right by the search of a dignified death as for the medical duty of inform their patients about treatments as well.

As denoted, every discussion here raised is based on human being dignity, a very present concept in every nation in agreement to all moral and ideological believes of each one of them having the very same concept changed due to some periods being obfuscated by brutalities, such as military dictatorships, Nazi regime, and colonizing nations that usurped of slavery man power considering them objects and degrading any notion even that minimal of dignity.

It was pointed out as fundamental that the patient must be listened to and their wish considered for proceeding or against proceeding with health care professional-prescribed treatment, as previously understood by the Federal Medical Council.

Such question is based on personality rights, inbuilt to every human being and therefore considered as a bias of human being dignity as the treatment abstention treatment is an innovation supported by the Civic Code of 2002, extremely important to those patients in terminal states or who simply refused to perform certain medical intervention not capable to express their own will.

Considered in the present work as a key point to substantiate the patient's choice is the obligation to inform, which falls on health care professionals' shoulders, where the doctor must inform of all eventual risks and side effects of current treatments, allowing the patient to decide whether to carry on or not.

By analyzing the Brazilian system, it was noted that there was no federal law that guides and validates Anticipated Directives of Will within the Juridical Ordering, and all directives are based on the resolution n. 1995/2012 by the FMC, which possibilities the patient to make decisions about medical treatment.

From that emerged the idea of a Living Will where the patient can decide on which treatments they desire to have or not, should they be on a terminal condition, an irreversible condition, or not with full mental faculties.

Moreover, it was concluded that even with such advances, Brazil does not have a law that allows the promotion of the Anticipated Directives of Will within the Juridical Ordering, but the law project n. 2986/2022, which deals only with specific conditions foreseen in legislation, limiting patients' autonomy; nonetheless, it is considered progress.

Different from the national scenario, when researching the theme on the United States scenario, it was observed that the country already has more advanced discussions dating back to 1967 and aims to put the patient as protagonist of their treatment, implementing other directives, all of them prioritizing the individual's autonomy and dignity.

Lastly, comparing the Brazilian system and the model adopted by the United States, one might realize, even with the similarities revolving both countries and the acknowledgement of these directives, there are differences in their application, regulation, and development of the theme.

Bibliographic References

BARROSO, Luís R. **Curso de Direito Constitucional Contemporâneo - Os conceitos Fundamentais**. Editora Saraiva, 2022. E-book. Acesso em: 02 de nov. 2024.

BRASIL. **Código Civil**. Disponível em: < https://www.planalto.gov.br/ccivil_03/leis/2002/l10406compilada.htm>. Acesso em: 28 nov 2024.

BRASIL. **Constituição da República Federativa do Brasil de 1988**. Disponível em: <http://www.planalto.gov.br/ccivil_03/constituicao/constituicao.htm>. Acesso em: 03 dez. 2024.

BRASIL. **Dispõe sobre a proteção do consumidor e dá outras providências**. Disponível em: <http://www.planalto.gov.br/ccivil_03/leis/L8078.htm>. Acesso em: 03 dez. 2024.

CARVALHO, Dimas Messias de e CARVALHO, Dimas Daniel de. **Direito das Sucessões – Inventário e Partilha**. 3ª ed. Belo Horizonte: Del Rey, 2011.

CONGRESSO BRASILEIRO DE DIREITO DE FAMÍLIA (7.: 2009: Belo Horizonte, MG). **Família e Responsabilidade: Teoria e Prática do Direito de Família**. Coordenado por Rodrigo da Cunha Pereira. Porto Alegre: Magister/IBDFAM, 2010.

CONSELHO FEDERAL DE MEDICINA. **Código de Ética Médica**. Disponível em:<https://portal.cfm.org.br/index.php?option=com_content&view=category&id=9&Itemid =122>. Acesso em: 07 dez. 2024.

CONSELHO FEDERAL DE MEDICINA. **Parecer Consulta nº 51.380/00**. Disponível: <https://sistemas.cfm.org.br/normas/arquivos/pareceres/SP/2000/51380_2000.pdf> . Acesso em: 02 de set de 2024.

CONSELHO FEDERAL DE MEDICINA. **Resolução CFM nº 1995/2012**. Disponível em: <http://www.portalmedico.org.br/resolucoes/cfm/2012/1995_2012.pdf>. Acesso em: 02 de dez. de 2024.

DADALTO, Luciana. **Testamento vital**. São Paulo: Editora Foco; 2022, 200 p.

DINIZ, Maria H. **O estado atual do biodireito**. Editora Saraiva, 2017. E-book. Acesso em: 02 de dez de 2024.

GONÇALVES, Carlos Roberto. **Direito Civil Brasileiro - Vol. 1– Parte Geral**. São Paulo: Saraiva, 2024, 22ª ed. 552 p.

GONÇALVES, Carlos Roberto. **Direito Civil Brasileiro - Vol. 4 - Responsabilidade Civil**. São Paulo: Saraiva, 2024, 19ª ed. 592 p.

KANT, Immanuel. **Antropologia de um Ponto de Vista Pragmático**. São Paulo: Iluminuras, 2006, 1ª ed. 256 p.

KFOURI Neto, Miguel. **Responsabilidade civil do médico**. São Paulo: Editora Revista dos Tribunais, 2024, 12ª ed. 470 p.

MONTEIRO, Renata da Silva Fontes e JÚNIOR, Aluísio Gomes da Silva. **Diretivas antecipadas de vontade: percurso histórico na América Latina**. Revista Bioética. vol.27 nº.1 Brasília. Jan./Mar. 2019.

PIOVESAN, Flávia. **O princípio da dignidade da pessoa humana e a Constituição Brasileira de 1988**. Revista dos Tribunais, ano 94, vol. 833.

REALE, Miguel. Os Direitos da Personalidade. Disponível em: <http://www.miguelreale.com.br/artigos/dirpers.htm>. Acesso em: 03 de dez. de 2024.

SARLET, Ingo Wolfgang. **Dignidade (da pessoa) Humana e os Direitos Fundamentais na Constituição Federal de 1988**. 10. ed. Porto Alegre: Livraria do Advogado, 2015.

SENADO FEDERAL. **Projeto de Lei nº 2.986/2022**. Disponível em: <https://legis.senado.leg.br/sdleggetter/documento?dm=9224134&ts=1671045804250&disposition=inline&utm_source=egoi&utm_medium=email&utm_term=NK+Informa%3A+Apresentado+projeto+que+disp%C3%B5e+sobre+as+diretivas+antecipadas+de+vontade+acerca+de+cuidados+m%C3%A9dicos&utm_campaign=NK+Consultores>. Acesso em: 03 de dez. de 2024.

SILVA, Luís Henrique Costa da. **O dilema chamado morte**. Revista Cedigma, v. 1, n.1, p. 1-12, 2024.

SOUZA, Iara Antunes de. **Aconselhamento Genético e responsabilidade Civil: As ações por concepção indevida (wrongful conception), nascimento indevido (wrongfulbirth) e vida indevida (wrongfullife)**. Belo Horizonte: Arraes Editores, 2014.

STATE OF NEW JERSEY - DEPARTMENT OF HEALTH. **Preactitioner orders for life-sustaining treatment (Polst)**. Disponível em: <https://bit.ly/2sDqoVf>. 02 de dez. de 2024.

TORRES, José Henrique Rodrigues. **Ortotanásia não é homicídio, nem eutanásia. Quando deixar morrer não é matar**. Manual de Cuidados Paliativos, Rio de

Janeiro: Academia Nacional de Cuidados Paliativos, v. 2, n. 2, p. 415-438, Ago. 2012.

UNITED STATES' CONGRESS. **Patient self-determination act of 1990**. Regula os direitos do paciente quanto a tomar decisões relativas a cuidados de saúde. 1990. Disponível em: <https://bit.ly/2aw2UqU>. 02 de dez. de 2024.

UNIVERSITY OF NEW MEXICO. **Values history: a form to assist you in making health care choices in accordance with your values**. Disponível em: <https://bit.ly/2DlEWPn>. 02 de dez. de 2024.

COMPARATIVE LAW ON OCCUPATIONAL HEALTH AND SAFETY - BRAZIL AND THE EUROPEAN UNION

Maristela Aparecida Steil Basan [1]*

Introduction

International standards and documents aim to ensure a healthy working environment, to achieve global equality in worker health, and to guarantee fundamental rights: the right to health, which is inherent to the right to life, as we see in the standards of the European Union (EU) and Brazil.

During the industrial revolution in the 18th century, serious risks to workers' health were identified due to unhealthy working environments, caused by various factors that led to a large number of workplace accidents and occupational diseases (Ceribelli, 2015).

The Federal Constitution of 1988 provides for the guarantee of social rights, including the right to work and the right to health, as well as the right to payment of a health hazard allowance, in its Article 7, item XXXVII, and the provision for the payment of the same allowance to civil servants, based on infra-

---

[1] * **Maristela Aparecida Steil Basan**:
-Master's student in the Stricto Sensu Postgraduate Program in Health Law: Individual and Collective Dimensions at Universidade Santa Cecília (UNISANTA), Santos - SP, Brazil.
-Lawyer working in the Labor and Civil areas, with experience in unhealthy work cases, both for civil servants and public servants.
-For more information on my academic and professional output, visit my ORCID profile: https://orcid.org/0009-0004-3316-392X and my CV on the Lattes Platform: http://lattes.cnpq.br/506102279332275.

constitutional legislation, in accordance with Article 39, § 3 of the constitutional document, which provides for its payment.

The provision for the payment of the allowance, its characterization, its payment rates, and the basis for calculating the allowance are provided for in the CLT, in Articles 189, 190, and 191, regulated by NR 15, as stated in the CLT itself.

Studies on the constitutionality of the hazard pay and the need for change, in the sense of prioritizing the elimination of unhealthy working conditions over the payment of hazard pay, highlight the constitutional guarantees of workers, as well as the work environment. The low costs of allowances and personal protective equipment (PPE) for worker safety encourage employers to continue demanding work in unhealthy conditions, thereby harming workers' health (Ceribelli, 2015).

In Brazil, it is clear that standards need to be updated to effectively guarantee worker safety and health, with a focus on enforcement, observance of fundamental rights, the work environment, and new professions arising from industrialization and the digital world.

The European Union (EU) has extensive legislation to ensure occupational safety and health (OSH), which is introduced and enforced by the European Commission and other EU bodies, always with the collaboration and effective participation of Member States, which have their own legislation in line with EU standards.

The combined efforts of all EU stakeholders, employees, and employers, as well as international organizations, aim to safeguard the rights and safety of workers in the European Union and beyond its borders, as it is a global social measure, including the preservation of health rights, as in the case of pandemics.

It is clear that EU standards are more effective in guaranteeing OSH and are more up to date with regard to new professions and work environments brought about by the changes and demands of today's world. There is constant monitoring of the application of standards, with the aim of reducing the number of accidents at work and occupational diseases, which in many ways represent a major setback for social rights, the EU, and the economy.

1. ILO Conventions – International Labour Organization Conventions Guaranteeing Workers' Right to Safety and Health, Ratified by Brazil

Decree nº 10,088, of November 5, 2019, consolidates normative acts issued by the Federal Executive Branch that provide for the promulgation of conventions and recommendations of the International Labor Organization (ILO) ratified by Brazil, including Convention 155 ratified by Brazil, which concerns occupational safety and health.

The fundamental conventions on occupational safety and health are Conventions No. 155 and No. 187, which are complementary and constitute progressive and sustained improvements toward the provision of safe and healthy work environments when applied together.

Convention nº 155 states that "the objective" of national policy should be to prevent accidents and injuries to health, while No. 187 requires member states to promote the continuous improvement of occupational safety and health to prevent occupational injuries, illnesses, and death.

ILO Convention 187 has not yet been ratified by Brazil, having been sent to the National Congress for review in May 2023 by the President of the Republic.

It deals with the "Promotional Framework for Occupational Safety and Health (OSH)," adopted by the ILO in 2006 and elevated to the status of a Fundamental ILO Convention in 2022, which establishes a system of defined rights, responsibilities, and duties, where the principle of prevention is given the highest priority.

One of the main points of Convention 187 is that Member States should formulate their national policy in light of national conditions and practices and in consultation with the most representative organizations of employers and workers, with the aim of promoting basic principles such as the assessment of occupational risks or hazards; combating occupational risks or hazards at source; and developing a national culture of preventive safety and health that includes information, consultation, and training.

Therefore, Convention No. 187 would significantly modify existing national legislation if ratified, as it would require considerable effort to implement as a whole, particularly with regard to the development of a national culture of preventive safety and health, which, as stated in the Convention, should include information, consultation, and training.

Certainly, Convention 187 was not ratified by Brazil, given the need for major changes in legislation and the national culture regarding occupational safety and health.

1.1 Brazilian Constitutional and Unconstitutional Norm of the Hazard Pay

The health hazard allowance is provided for in Title II, Chapter II, of the Federal Constitution, which establishes social rights, in Article 7, XXIII, which depends on regulation, as provided for in the Constitution itself.

In Brazil, Law 185/36, regulated by Decree-Law 399/38, provides for the first guarantees of the right to health and safety at work and, quite belatedly, with Brazilian industrialization, the recognition of the hazard pay, with the provision contained in Regulatory Standard No. 15 and its Annexes, which underwent several changes and implementations of these rights (Ceribelli, 2015).

Unhealthy activities are "those which, due to their nature, conditions, or working methods, expose employees to agents that are harmful to health, above the tolerance limits set due to the nature and intensity of the agent and the length of exposure to its effects," according to Article 189 of the CLT.

However, the elimination or neutralization of unhealthy conditions, according to Article 191 of the CLT, must occur with the "adoption of measures that keep the work environment within tolerance limits, with the use of personal protective equipment for workers, which reduce the intensity of the aggressive agent to tolerance limits," which must be regulated, as provided for in Article 190 of the CLT itself.

The provision for the payment of the additional amount is set forth in Articles 189, 190, and 191 of the CLT, regulated by NR 15, and may be paid at the minimum (10%), average (20%), and maximum (40%) rates, based on the minimum wage.

Given that Collective Labor Agreements (CCTs) have the force of law between employees and employers in the category, under the terms of Article 611 of the CLT, they may determine a different basis for calculating the additional pay, and in some cases the basis for calculation is the worker's base salary. They may also deal with more favorable conditions for workers.

1.2 Health Hazard Allowance for Public Servants

Infra-constitutional laws may determine the payment and the rates and calculation bases for health hazard and dangerous work allowances for public servants, as provided for in Article 39, § 3 of CF/88.

Therefore, the health hazard allowance for civil servants must be provided for by law, otherwise these workers will not be entitled to the allowance, which is a totally different approach from that taken for other workers.

This provision has sparked much debate, as it differentiates between the rights of ordinary workers and civil servants when it comes to receiving hazard pay, which is provided for in the Constitution itself.

However, the jurisprudential understanding is that the rule of legality of infra-constitutional laws should be applied, guaranteeing the autonomy of states and municipalities, as stated in the Federal Constitution, in Article 39, § 3 (HASS et al, 2019).

Bill 199, authored by Mr. Amauri Teixeira and others, from the Chamber of Deputies and the Federal Senate, rewrites § 3 of art. 39 of the Federal Constitution to guarantee additional remuneration for arduous, unhealthy, or dangerous activities to public servants. This bill presents an amendment to the constitutional text, with the aim of altering §3 of art. 39, which would include the right to receive additional compensation for unhealthy working conditions, with the law establishing different requirements for admission when the nature of the position so requires.

The justification for the bill is based on constitutional labor rights, unhealthy conditions as a condition of work and remuneration, the definitions of civil servants, and the principle of legality under the constitutional norm, in order to review the right to receive additional compensation for unhealthy conditions for civil servants.

In the case of constitutional norms and the right to a hazard pay allowance, Constitutional Amendment 19 only removed the right of civil servants to a hazard pay allowance, unless legislated by the Union, States, or

Municipalities in this particular case, having a purely economic character for the federal units.

1.3 Regulatory Standard – NR 15 and its Annexes

In 1978, Ordinance 3.214/78 was approved, which approved the Regulatory Standards NR, provided for in the CLT (Chapter V, Title II), which regulates occupational safety and medicine, totaling 29 NRs (MTE, 2020).

The Inter-Union Department for Health and Workplace Studies and Research (DIESAT) promotes studies, research, seminars, debates, and publications related to worker health.

In 1986, during the 8th Labor Law Week, there was a growing awareness among the more organized trade union movement of the importance of securing workers' right to health (MTE, 2020).

With the enactment of the 1988 Constitution, the expansion of workers' rights was guaranteed with the introduction of workers' health rights into the national legal system, as explicitly stated in Article 7, item XXII.

Through the International Program for the Improvement of Working Conditions and the Work Environment (PIACIT), Decree 1,254/94 was enacted, expanding the concept of the work environment for the purposes of worker safety and health through the application of ergonomics, with the aim of reducing all risks that affect worker health and safety in the workplace.

NR-15, originally published by MTb Ordinance No. 3,214, of June 8, 1978, establishes "Unhealthy Activities and Operations" in order to regulate articles 189 to 196 of the Consolidation of Labor Laws (CLT), as amended by Law No. 6, 514, of December 22, 1977, which amended Chapter V (on Occupational Safety and Medicine) of the CLT.

This standard establishes the right to a health hazard allowance for workers and consists of a general section and 13 annexes (at the time of its publication), which define the Tolerance Limits for physical, chemical, and biological agents, when it is possible to quantify environmental contamination, or listing or mentioning situations in which work is considered qualitatively unhealthy.

The Tolerance Limits determined in the standard were based on the Threshold Limit Values (TLV) of the American Conference of Governmental Industrial Hygienists (ACGIH) text, 1976 version, adapted to the official Brazilian 48-hour work week (in force at the time) (MTE, 2020).

The general part of the standard is characterized as a Special Standard regulating the performance of work considering the activities, facilities, or equipment used, without being conditioned to specific economic sectors or activities.

The annexes to NR-15 deal with workers' exposure to noise, ambient heat, ionizing radiation, work under hyperbaric conditions, non-ionizing radiation, vibrations, cold, humidity, chemical agents, mineral dust, and biological agents.

The quantitative assessment of agents to which workers are exposed requires the determination of intensity, in the case of physical agents, and environmental concentration, in the case of chemical agents. Quantitative assessments must be carried out for noise, heat, ionizing radiation, vibration, chemical agents, and mineral dust.

The text of NR-15 has undergone several specific changes over more than 40 years of validity, with changes to its annexes, which were modified in response to the needs of industrial evolution and new activities that put workers at risk and required regulation to ensure the health and safety of workers in all aspects, such as biological agents, compressed air work and underwater work, lighting at work, among others.

In 1996, the Permanent Tripartite Commission (CTPP) was created (SSST Ordinance No. 2, of April 10, 1996), which regulates that all changes to regulatory standards would be approved in a tripartite environment, with the participation of representatives of employers, workers, and the government.

In view of the lack of comprehensive updating of NR-15, the CTPP presented a general review of the standard in 2010, forming a Technical Group (GT) composed of Labor Inspectors and Fundacentro Technicians, with the objective of drafting a proposal for the revision of the general part of the standard.

At a regular CTPP meeting held in June 2012, the coordinator of the government bench announced the completion of the basic text proposal, drafted by the GT. In August 2012, SIT Ordinance No. 332 was published, disclosing the proposed revised text.

Due to discussions regarding a regulatory standard on occupational safety and health management, the work of the NR15 review working group was suspended, but new attempts to discuss changes to the general text of NR-15 were made, with the CTPP regulatory agenda for 2020 being set.

However, the CTPP was abolished by Decree 9,759 of April, 11, 2019, and recreated by Decree 9,944 of July 30, 2019. The minutes of the meetings held after July 30, 2019, began a new numbering system, making new changes to NR 15, such as Unhealthy Activities and Operations, effective as of January 2022, and Tolerance Limits for Exposure to Heat, Vibration, and Benzene, effective in April 2022.

Currently, many professional activities and work environments are not regulated due to the lack of updated inclusion standards. Such professions and work environments have emerged in response to current labor market needs, particularly with regard to rules for workers who provide "home office" services, unhealthy activities exposing workers to biological agents, industrial, digital, and artificial intelligence equipment, as well as activities that expose or cause mental illness in workers.

1.4 Constitutional Provision for Hazard Pay

Workers' labor and health are guaranteed by constitutional norms, which refer to the obligation to legislate on additional payments to be made to provide or compensate workers for dignified and healthy work.

The 1988 Constitution of the Federative Republic of Brazil establishes, in Article 6, social rights, including work and health, which is the focus of this study.

National legislation has constitutional guarantees listed in several articles of the 1988 Constitution, including: the dignity of the human person (Article 1, III); the social value of work (Article 1, IV), the promotion of the common good (Article 3, IV); the inviolability of the right to life and security (Article 5, caput); the right to health as a fundamental social right (Article 6); elimination and neutralization of unhealthy environments as a measure to reduce risks inherent to work (Article 7, XXII); and extends to all the right to an ecologically balanced environment (Article 225).

Social rights are benefits provided by the State, which enable better living conditions for the less fortunate, directly or indirectly, as set out in constitutional norms. These rights are linked to the right to equality and aim to apply equality in unequal situations (Daroncho, 2012).

The broad definition of health within the constitutionally protected labor model refers to the parameters of decent work under the 1988 Constitution—including the reduction of risks inherent to work, provided for in the Title on

Fundamental Rights and Guarantees of CF/88. It is clear, however, that constitutionally protected work is qualified by the usual interpretative practices with the constitutional principles that define the minimum parameters of labor regulation: fundamental labor rights (Darocho, 2012).

However, the payment of a hazard bonus to workers is in direct conflict with legal and constitutional norms, since the payment of such a bonus necessarily implies work in an unhealthy workplace.

From this point of view, we can say that the payment of the hazard pay exempts the employer from preserving the work environment, which is essential to promote human dignity and the quality of life of workers.

2. European Union Strategic Framework on Safety and Health at Work

The European Commission establishes in Article 153 of the Treaty on the Functioning of the European Union - EU has adopted a wide range of Community measures in the field of safety and health at work. European directives are legally binding and must be transposed into the national legislation of Member States, which establish minimum requirements and fundamental principles, with guidelines from the Commission itself to facilitate their implementation.

The EU Strategic Framework on Health and Safety at Work 2021-2027, which plays a key role for the European Agency for Safety and Health at Work (EU-OSHA), strategically involves EU institutions, Member States, social partners, and other stakeholders, focusing on three main priorities and actions needed to improve workers' health and safety: anticipating and managing change, improving prevention, and increasing preparedness, presenting solutions for changes in the economy, demographics, and work patterns.

EU-OSHA carries out prospective studies and projects aimed at anticipating risks and identifying priorities, contributing to the development of

OSH practices and policies, as well as providing resources to implement prevention in the workplace, whether for frontline workers or those working from home.

The new Occupational Health and Safety (OHS) framework for the period 2021-2027 sets out the main priorities and actions needed to improve the health and safety of workers in the post-pandemic context marked by ecological and digital transitions, economic and demographic challenges, and the evolution of the traditional concept of the workplace.

An important aspect of the sustainability and competitiveness of the EU economy is healthy and safe working conditions for a healthy and productive workforce, avoiding as much as possible suffering from work-related illnesses or accidents.

Two factors help explain the results of the EU's approach to OSH. First, the EU and Member States have developed an advanced regulatory system to define prevention and protection measures to combat occupational risks. Second, the EU relies on the involvement of workers, employers, and governments to effect the development and implementation of OSH at the national and EU levels.

In the field of OSH, the EU legislative framework comprises 24 specific directives developed over time. The 1989 European framework directive lays down common principles and minimum standards across the EU. This framework directive focuses on risk prevention and sets out employers' obligations with regard to: risk assessments; preventive measures; informing workers about OSH; training; consultation; and balanced participation. These obligations apply to all sectors and professions and to public and private employers. The specific directives focus on specific risks, groups, and contexts.

EU OSH legislation is developed by the Advisory Committee on Safety and Health at Work (ACSH), which is made up of representatives from national governments, trade unions, and employers' organizations. EU-OSHA issues guidelines and provides: sector-specific information aimed primarily at small and medium-sized enterprises (SMEs); and guidance for employers at all stages of the risk assessment process. The Senior Labor Inspectors Committee (SLIC) issues opinions on the application of EU OSH legislation and promotes the sharing of knowledge on labor inspection practices.

One of the objectives of the policy framework is to do more for OSH in the EU so that workplaces can adapt to the increasingly rapid changes in the economy, demographics, working patterns, and society in general. For some EU workers, the concept of the workplace is becoming more flexible, but also more difficult as new forms of organization, business models, and industries emerge. The COVID-19 pandemic has increased these difficulties and reinforced the interconnection between OSH and public health policy.

It should be noted that this strategic framework is constantly changing, in light of various studies, due to the many changes in the numerous areas of worker activity, in order to ensure OSH, with objectives always to be achieved to guarantee a healthy and safe workplace, whether at EU, national, sectoral, or company level.

Technological advances, robotization, the use of artificial intelligence, the use of the internet, and the greater prevalence of remote work reduce the risks of dangerous tasks, but it is necessary that OSH also be applied in this sector, ensuring the physical, psychological, and mental health of workers, with new challenges to be faced, such as: increased irregularity in terms of when and where work is performed; and risks related to new tools and machines.

In order to implement the strategic framework, the EU relies on the Member States to enforce and monitor the standards, which can be more comprehensive, and to inspect workplaces, guaranteeing OSH in the most equitable way in the EU, noting that the Commission itself also monitors these standards, making efforts towards a "zero vision" approach to work-related deaths in the EU.

With regard to COVID-19, recognition as an occupational disease or accident is already a reality in 25 Member States. Although occupational diseases are a closely related issue to social security, which is a national competence, the Commission Recommendation on occupational diseases promotes the recognition by Member States of occupational diseases, with a view to encouraging convergence.

The policy framework has contributed to improving the application and enforcement of existing EU legislation, for example in the activity of labor inspectors, with the support of relevant stakeholders (e.g. OSHCC, EU-OSHA and SLIC). Providing labor inspectors with training at national and EU levels to promote cooperation and innovative inspection methods contributes to effective consistency of enforcement across Member States. The Commission and EU-OSHA also work together to develop support tools and guidance for employers to comply with OSH legislation.

The EU promotes the establishment of effective OSH standards worldwide, in the face of globalization, with the aim of preventing threats to workers' health and safety across borders, requiring the exchange of experiences, good practices and dialogue with EU partner countries, regional and international organizations.

In view of this, the strategic framework aims to motivate EU institutions, member states, social partners and other relevant stakeholders around common priorities for the protection of workers' health and safety. It applies to all parties involved in health and safety at work (national administrations, including labor inspectorates, employers, workers and other relevant OSH stakeholders) and establishes a framework for action, cooperation and exchange.

The Commission aims to work together with Member States and social partners to: cope with the changing world of work; improve the prevention of occupational accidents and diseases, in line with the "vision zero" approach; and increase preparedness for possible future health crises.

3. Comparison Between Brazilian Standards and European Union Standards

The EU has rules and inspections to cover all member countries, guaranteeing the most equal standards between countries, with the aim of guaranteeing Safety and Health at Work - OSH.

Through the Commission and the social partners, the EU is working together to guarantee OSH worldwide, especially in the event of a pandemic, taking a global view of workers' rights in the face of changes in the new world of work.

In addition, the European Commission's commitment to keeping standards up to date, with the constant progress of professional activities, especially in the face of the digital age and artificial intelligence, as well as monitoring and studies to guarantee workers' health, provides the security that workers need to guarantee their physical and mental well-being in the workplace.

It can be seen that the EU countries do not have standards that determine the payment of unhealthy or dangerous working conditions to workers, because the aim is to guarantee OSH by drawing up standards, constantly updating them in the face of changes in work activities, due to global modernity in the various branches of activity, and effective monitoring of standards and unhealthy work activities.

The European Commission considers OSH to be one of the EU's main economic and social objectives, given its importance for the development of EU member countries, in compliance with international standards for guaranteeing and preserving human rights and those of the International Labor Organization (ILO).

It is obvious that Brazilian legislation has evolved, but there is a great delay in guaranteeing workers' health and safety rights, demonstrating inconsistencies between these and the constitutional norms that guarantee workers' health and social rights, including the constitutional determination of the right to receive the unhealthy working conditions surcharge and, in a more economic view, excluding constitutional rights themselves, the payment of the aforementioned surcharge to civil servants.

Brazilian legislation does not have effective government oversight to guarantee workers' health and safety, so that employers can be punished for not guaranteeing a healthy environment for workers in all its aspects, and the payment of the unhealthy working conditions surcharge is a subterfuge for employers not to provide a healthy working environment.

Final Considerations

It was found that Brazilian legislation provides for the payment of unhealthy working conditions to workers exposed to unhealthy environments, but there is no effective objective of change to guarantee health conditions and a healthy environment for workers, to ensure the constitutional rights to the dignity of work and health in the workplace, demonstrating the adoption of outdated norms in relation to new social concepts regarding workers' rights and the workplace.

It has been shown that the payment of the surcharge is a way of benefiting employers who do not want to invest in a healthy and safe environment for their employees, because it is the most cost-effective way, resulting in many accidents and illnesses arising from work, harming the worker, society and the state's own economy, given the results that such acts entail, with workers sick and unable to work, generating an indirect cost for everyone involved, including the state.

The Brazilian legislator needs to take a broad view of workers' rights and OSH, in an effective and up-to-date manner in the industrialized and digital world, including with regard to health standards, and can take as a model European legislation (EU), which has broad legislation, with determinations guaranteeing workers' rights, based on international standards, treaties and guidelines, which guarantee rights, The European Commission has the participation of employees, employers, entities and collaborators, with the aim of protecting workers' health and safety rights, in other words, decent work, as stated in the International Labor Organization (ILO) Declaration on Fundamental Principles and Rights at Work.

References

EUROPEAN AGENCY FOR SAFETY AND HEALTH AT WORK - EU-OSHA. EU Strategic Framework for Health and Safety at Work 2021-2027. Available at: https://osha.europa.eu/pt/safety-and-health-legislation/eu-strategic-framework-health-and-safety-work-2021-2027#:~:text=O%20Quadro%20Estrat%C3%A9gico%20para%20a,e%20nos%20padr%C3%B5es%20de%20trabalho. Accessed on Nov. 21, 2024.

BRAZIL. Decree No. 10.088, of November 5, 2019. Ratification of ILO Conventions, including Convention No. 155. Available at:

https://www2.camara.leg.br/legin/fed/decret/2019/decreto-10088-5-novembro-2019-789348-publicacaooriginal-159331-pe.html. Accessed on Dec., 02, 2024.

BRAZIL. Consolidation of Labor Laws. Decree-Law 5.452, of May 1, 1943. Brasília. Available at: https://www.planalto.gov.br/ccivil_03/decreto-lei/del5452.htm. Accessed on Nov., 23, 2024.

BRAZIL. 1988 Federal Constitution. Brasília. Available at: https://www.planalto.gov.br/ccivil_03/constituicao/constituicao.htm. Accessed on Nov., 23, 2024.

BRAZIL. Regulatory Standard No. 15 (NR-15). Ministério do Trabalho e Emprego, Portaria MTb nº 3.214, 8, Jun., 1978. Brasília. 2020. Available at: https://www.gov.br/trabalho-e-emprego/pt-br/acesso-a-informacao/participacao-social/conselhos-e-orgaos-colegiados/comissao-tripartite-partitaria-permanente/normas-regulamentadora/normas-regulamentadoras-vigentes/norma-regulamentadora-no-15-nr-15. Accessed on Nov., 23, 2024.

CHAMBER OF DEPUTIES. Bill 199. Amauri Teixeira and others. Brasília. 2013. Available at: https://www.camara.leg.br/proposicoesWeb/prop_mostrarintegra?codteor=1112617#:~:text=Portanto%2C%20no%20%C2%A73%C2%BA%2C%20do,em%20de%20maio%20de%202013. Acessed on Nov., 24, 2024.

EUROPEAN COMMISSION. Communication from the Commission to the European Parliament, the Council, the European Economic and Social Committee and the Committee of the Regions. Brussels, June 28, 2021. Available at: https://eur-lex.europa.eu/legal-content/EN/TXT/?uri=CELEX%3A52021DC0323&qid=1626089672913#PP1Contents. Accessed on Nov., 18, 2024.

DARONCHO, L., Saúde laboral - o Adicional de Insalubridade e o direito fundamental

ao meio de trabalho hígido. Caderno Ibero-Americano de Derecho Sanitario. Fiocruz. Brasília, v.1, n.1, jan./jun. 2012-44. ISSN 2317-8396. Available at: https://www.cadernos.prodisa.fiocruz.br/index.php/cadernos/article/view/38/83. Accessed on Nov., 26, 2024.

HAAS, R. O. BRINGUENTE, A. C. de O. Uma Análise Crítica Sobre a Possibilidade de Revogação do Adicional de Insalubridade na Administração Pública. Article in the Law Course of Faculdade Dom Alberto. Rio Grande do Sul. 2019. Available at: https://domalberto.phl.bib.br/rd/rafaelo201902dir.pdf. Accessed on Nov., 26, 2024.

ILO - INTERNATIONAL LABOR ORGANIZATION. Convention 187. 2006. Available at: https://normlex.ilo.org/dyn/nrmlx_en/f?p=NORMLEXPUB:12100:0::NO::p12100_instrument_id:312332. Accessed on Nov., 28, 2024.

PARADIGMAS DA GRAVIDEZ NA ADOLESCÊNCIA: UMA COMPARAÇÃO ENTRE O BRASIL E O ESTADO DE IDAHO NOS ESTADOS UNIDOS DA AMÉRICA

Paola de Oliveira [1]*

Verônica Scriptore Freire e Almeida [2]**

---

[1] * **Paola de Oliveira**:
-Advogada especialista em leilões e expropriação de ativos.
-Graduada em Direito pela Universidade de Ribeirão Preto (2023), bolsista PIBIC em pesquisa e inovação científica.
-Mestranda em Direito da Saúde: dimensões individuais e coletivas pela UNISANTA. Pós-graduada em Penal e Processo Penal, e Pós-Graduanda em Direito Civil e Processo Civil.

[2] ** **Verônica Scriptore Freire e Almeida**:
-Doutora em Direito Econômico pela Faculdade de Direito da Universidade de Coimbra, em Portugal, com reconhecimento e revalidação pela Universidade de São Paulo-USP (2009-2016).
-Mestre em Direito Econômico pela Faculdade de Direito da Universidade de Coimbra, em Portugal, com reconhecimento e revalidação pela Universidade de São Paulo-USP (2005-2008).
-Pós-Graduada em Direito, área de especialização em Ciências Jurídico-Econômicas, pela Faculdade de Direito da Universidade de Coimbra, em Portugal (2005-2006).
-Residiu em Washington DC, EUA, em período de Pesquisa Acadêmica Doutoral (2015-2016) e Pós-Doutoral (2016-2017) na Georgetown University (Law Center).
-Professora Universitária desde 2008, em cursos de Graduação e de Pós-graduação.
-Professora Permanente do Programa de Pós-Graduação Stricto Sensu, Mestrado em Direito da Saúde, da Universidade Santa Cecília.
-Líder do Grupo de Pesquisa de Estudos Comparados em Direito da Saúde, certificado no CNPQ, e do Grupo de Pesquisa de Ambiente Digital Aplicado às Relações Internacionais, também certificado no CNPQ.
-Editor-in-Chief do Global Health Law Journal - periodicos.unisanta.br/index.php/GHL .
-Advogada, inscrita na Ordem dos Advogados do Brasil, atuando, no Brasil e no exterior, nas áreas de Direito Econômico, Trust Law, Direito Internacional, Direito Empresarial, Direito da Saúde e Direito Digital.
-E-mail: veronicascriptore@adv.oabsp.org.br .

Introdução

A gravidez na adolescência constitui um dos maiores desafios contemporâneos para a saúde pública, especialmente no Brasil, mas também revela impactos significativos em países como os Estados Unidos. Essa realidade afeta não apenas a vida das jovens gestantes, mas repercute em suas famílias, na sociedade e na formulação de políticas públicas. Diversos fatores contribuem para a incidência da gravidez precoce, incluindo contextos socioeconômicos desfavoráveis, lacunas educacionais e influências culturais, que variam entre os países, mas partilham de raízes estruturais semelhantes. Enquanto no Brasil a Constituição da República Federativa do Brasil de 1988 e o Estatuto da Criança e do Adolescente são marcos legais fundamentais, nos Estados Unidos as ações são descentralizadas aos seus respectivos estados, refletindo na ampla diversidade legislativa e política. Através de uma abordagem qualitativa, ancorada na revisão documental e análise crítica, incluindo o exame de reportagens como a publicada pelo The Washington Post, que busca compreender os direitos das adolescentes e implicações sociais e legais. Essa investigação evidencia a necessidade de políticas públicas eficazes que enfrentem desigualdades sociais e estruturais, que assegurem um futuro digno às jovens, contribuindo para a equidade social e plena realização dos direitos humanos.

1. Contextualização da gravidez na adolescência e sua relevância no Brasil e estado de Idaho nos EUA.

A adolescência é uma fase do ciclo de vida caracterizada por intensas transformações, tanto físicas quanto emocionais, mentais e sexuais, marcando a transição do indivíduo para a fase adulta. Durante este período, os adolescentes buscam compreender seu lugar na sociedade e alinhar suas ações com as expectativas sociais do contexto em que estão inseridos. Segundo a Organização Mundial da Saúde (OMS), a adolescência compreende a faixa etária dos 10 aos 19 anos, período no qual o indivíduo se encontra em processo de descoberta e afirmação de sua autonomia.

Nesse estágio, muitos adolescentes iniciam a exploração de suas emoções e desejos, vivenciando um processo de experimentação e da sexualidade. Esses aspectos se desenvolvem no contexto social em que o indivíduo está inserido, sendo um momento relevante para a reflexão sobre fenômenos como a "gravidez na adolescência", cujas implicações sociais, culturais e de saúde merecem especial atenção.

Há a incidência de diversas situações que englobam a gravidez na adolescência como um problema de saúde pública, afetando apenas não as jovens mães, mas a sua família e todo o contexto as quais estão inseridas. Esse fenômeno está relacionado a diversos fatores sociais, econômicos e culturais que exacerbam as vulnerabilidades das adolescentes. As consequências da gravidez vão além dos riscos à saúde física e mental, impactando de forma negativa as oportunidades educacionais e profissionais. Além disso, a maternidade precoce pode perpetuar os ciclos de pobreza e restringir o desenvolvimento social e econômico das comunidades, configurando um problema de saúde pública de grande relevância.

Assim como no Brasil, a gravidez na adolescência nos Estados Unidos, mais precisamente no estado de Idaho, há diversos impactos e reflexos, no mesmo sentido, afetando todos os âmbitos e sentidos da vida dessas jovens mães na saúde física e mental. Tal estado, é um dos mais rígidos do país em questão da aplicação de leis, inclusive sendo a mais restrita na questão do abordo, com proibição em quase todos os casos, havendo uma permissividade recente somente quando influenciar diretamente à saúde em risco de mulheres (Globo, 2024).

Ao que trata o estado gravídico de uma adolescente no estado de Idaho, há a limitação em sua autonomia, com a dependência de seu responsável legal para a maioria dos atos inerentes a tal fato, como será evidenciado mais à frente.

2. Fatores sociais, culturais, políticas públicas e intervenções estatais

No Brasil há diversos institutos constitucionais, legislações esparsas e criação de políticas públicas para a efetividade da prevenção da gravidez na adolescência e quando este fato vem a ocorrer, há medidas públicas criadas para que realmente haja a proteção de direitos e devida orientação.

A Constituição Federal de 1988 do Brasil, em seu artigo 227, evidencia os direitos fundamentais das crianças e adolescentes, destacando a responsabilidade compartilhada entre a família, a sociedade e o Estado, assegurando com absoluta prioridade tais direitos: *"É dever da família, da sociedade e do Estado assegurar à criança, ao adolescente e ao jovem, com absoluta prioridade, o direito à vida, à saúde, à alimentação, à educação, ao lazer, à profissionalização, à cultura, à dignidade, ao respeito, à liberdade e à convivência familiar e comunitária, além de colocá-los a salvo de toda forma de negligência, discriminação, exploração, violência, crueldade e opressão"*. (Brasil, 1988).

O primeiro fator a ser considerado é a diferença nos números em relação a raça/cor das jovens mães, sendo de grande impacto. Para alguns, irrelevante. Para outros, fator social, cultural e histórico que encontra devido respaldo e entendimento sendo o maior número voltado para meninas pretas e pardas, que apesar de haver sua diminuição ao longo dos anos, permanece consideravelmente alta quando comparada às meninas brancas.

Deve-se levar em conta também que meninas indígenas, possuem diferenças culturais com significados diversos à gravidez na adolescência ao que se refere ao comum.

Nascidos vivos de mães adolescentes (10-19 anos), segundo raça/cor e estado civil da mãe (Brasil, 2008-2019)

	Brancas		Pretas		Pardas		Indigenas		Total*	
Estado civil	10 a 14	15 a 19	10 a 14	15 a 19	10 a 14	15 a 19	10 a 14	15 a 19	6.375.514	
	72.762	1.788.102	12.092	246.453	202.905	3.720.802	9.200	65.889		
	%	%	%	%	%	%	%	%	N	%
Solteira	86,08	71,06	83,92	73,44	79,83	67,81	64,91	55,05	4 417 766	69,3
Casada/ União consensual	12,64	27,85	14,84	25,59	18,78	31,11	31,25	42,67	1.860,627	29,2

Fonte: Sistema de informações sobre Nascidos Vivos - Dados extraídos via Tabnet-DATASUS para o período 2008-2019.

* O número total de meninas inclui os grupos de asiáticas e raça/cor ignorada, que foram excluídos desta análise. O estudo completo pode ser acessado em https://rsdjournal.org/indexphp/rsd/article/View 39404/32415.

No mesmo sentido, há a criação de diversas políticas públicas brasileiras para que haja efetivos cuidado da saúde da jovem mãe e do bebê em que aguarda. Há a separação de três etapas, sendo a primeira o momento de prevenção. Tal prevenção no Brasil, possui algumas vertentes, seja no ensinamento preventivo nas escolas, seja no planejamento familiar e fornecimento de métodos e meios contraceptivos. Após isso, caso haja algum descuido e venha ocorrer a gravidez, há o devido cuidado por meio do pré-natal sendo um conjunto de cuidados médicos, exames e orientações direcionadas à gestante para monitoramento da saúde de ambos, prevenindo complicações e devido cuidado em toda gestação. Em terceira etapa, há o devido cuidado em todo o parto e pós-parto, acesso ao médico especialista e obstetra, com o devido fornecimento estatal de vacinações e acompanhamento médico em toda primeira infância e inclusive acesso a creches e vagas escolares.

3. Consequências da gravidez na adolescência

Em conformidade com dados do Ministério da Saúde, 66% das gestações entre as adolescentes são indesejáveis, com diversas causas e problemas sendo um dos principais fatores a falta de conhecimento, de apoio e rede familiar. Com o planejamento ou não da gravidez, o fato de ser precoce, exacerbam os riscos de morte de ambos, o parto prematuro, aborto espontâneo, pré-eclâmpsia estado anêmico e inclusive, a gravidez pós-parto, haja vista toda a dificuldade elucidada antes e pós gestação. (São Paulo, 2021).

No entanto, há diversos fatores que aumentam os riscos durante a gravidez na adolescência conforme já citado anteriormente e dentre eles, quando a idade inferior a 16 anos (dezesseis) ou durante a ocorrência da primeira menstruação em tempo menor do que 2 anos, pode caracterizar o duplo anabolismo, incidindo na competição biológica entre a mãe e o feto pelos mesmos nutrientes. Outra condição recorrente é a estatura inferior a 1,50 cm e baixo peso (média de 45 kg), em diversos outros estágios como o consumo de álcool e drogas, bem como uso de medicamentos sem a devida prescrição médica. (São Paulo, 2021).

Há diversos outros impactos como a gravidez que decorre de abusos e estupros: em primeiro momento, há o sofrimento pelo ato não concedido pela menor que foi acometida de uma situação constrangedora, impositiva, sem qualquer consentimento e a força, muitas vezes realizado por um ente familiar, que fica impune visto a "subordinação" ou ameaça existente. Em segundo momento, há o impacto psicológico, uma vez que sua liberdade sexual foi violada, dependendo de terceiros para o seu cuidado e mantença dentro do seio familiar, que por diversas vezes e situações como a dependência emocional e financeira, aceita ou é obrigada a ser submetida a esses abusos. Como terceiro tópico identificado, ocorre uma gravidez indesejada que a escolha de um aborto seguro ou da continuidade gestacional, depende exclusivamente de terceiros alheios a sua vontade, sendo por um representante legal ou a justiça quando sob sua tutela.

Essa triste realidade, reflete uma grave violação dos direitos humanos, expondo as crianças e adolescentes a riscos físicos e emocionais, ressaltando a urgente necessidade de políticas públicas eficazes, devida punição a àqueles que os infringirem, garantindo o acesso à justiça, com o apoio psicossocial e à proteção integral.

Quando grávida, a adolescente possui o direito após o oitavo mês de gestação, ser assistida por meio de exercícios domiciliares, sendo necessário a entrega de um atestado médico direcionando o ente escolar ao fornecimento de matérias e provas finais em conformidade com o período gestacional (Brasil, 1975).

Na literatura em geral, alguns autores têm demonstrado aumento nas intercorrências materno-fetais em todas as etapas do ciclo gestacional entre gestantes adolescentes. No presente estudo, observou-se que as complicações associadas à gravidez na adolescência mais recorrentes estiveram associadas ao recém-nascido que propriamente à genitora com predominância de manuscritos que enfatizaram a prematuridade, o baixo peso ao nascer e mortalidade foi significantemente maior entre filhos de mães adolescentes.

Essas intercorrências podem estar relacionadas ao baixo número de consultas de pré-natal, ao início tardio do acompanhamento, à qualidade inadequada do pré-natal e a outros fatores, como raça, estado civil, baixa escolaridade, tabagismo e condição socioeconômica.

Particularmente no Estado de São Paulo, há a Secretária Estadual da Saúde (SES), que disponibiliza diversos serviços as jovens mãe para a continua promoção à saúde, prestação de cuidados médicos, psicológicos e sociais adequadas com estímulo à participação em práticas educativos. Por meio desse programa, destaca-se a Cada do Adolescente com uma diversidade de espaços dedicados ao atendimento integral dos adolescentes em várias localidades do estado, fornecendo orientações sobre a sexualidade, prevenção à gravidez precoce, a saúde sexual e reprodutiva, além das consultas médicas e rodas de conversas, incentivando a reflexão para um futuro mais digno e saudável. (São Paulo, 2023).

Tal conjunto de políticas, visa a proteção integral dos adolescentes, buscando não apenas a resolução de questões emergenciais, mas proporcionar um atendimento contínuo e preventivo. (São Paulo, 2023).

Nesse sentido, foi criado um *"Guia Prático de Atualização pelo Departamento Científico de Adolescência para a Prevenção da Gravidez na Adolescência"*, com o objetivo principal de elevar a informação de medidas preventivas a outros níveis, que venham a linear os problemas, métodos e formas de evitar a incidência de gravidez precoce.

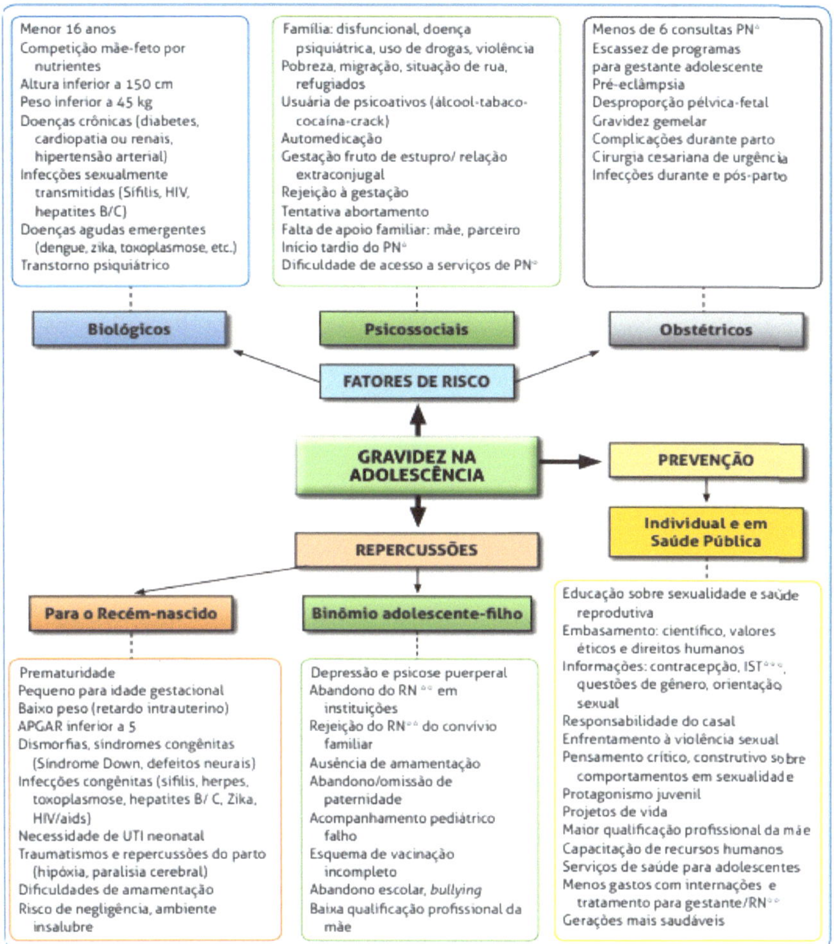

Figura 1. Mapa conceitual da gravidez na adolescência. SOCIIDADE BRASILEIRA DE PEDIATRIA (SBP).

* Pré-natal ** Recém-nascido *** Infecções sexualmente transmissíveis

Em conformidade com tudo que foi apresentado anteriormente, a gravidez precoce traz consigo diversos riscos, dificuldades e repercussões, refletindo diretamente em fatores biológicos, psicossociais e obstétricos, além disso, pode ser prejudicial para o recém-nascido e a jovem mãe, evidenciando diretamente em problemas de saúde pública, necessidade de aprendizado e inserção de políticas públicas eficazes.

4. Estudo de caso aplicado em Idaho

No Brasil, quando uma adolescente está grávida, ela não precisa necessariamente de um responsável para dar entrada no hospital quando em trabalho de parto, diferentemente do que ocorre no estado de Idaho nos EUA. Foi divulgada em matéria no The Washington Post, que uma paciente de 36 semanas de gravidez, estava com contrações, apesar de leves, eram frequentes e o local em que residia, não havia atendimento médico prévio especializado. Para tanto, foi brevemente atendida pela médica Caitlin Gustafson mas não pode iniciar o tratamento para o trabalho de parto visto não ter autorização de sua responsável.

A jovem Aleah (nome fictício), que estava grávida e tinha apenas 13 anos, que por meio da criação de uma legislação específica no estado de Idaho, para que houvesse a intervenção médica, deveria haver a autorização expressa de sua guardiã-legal, que no momento da necessidade interventiva, sua responsável e avó, encontrava-se presa por acusações de tráfico de drogas, o que dificultou o contato em mais de duas horas.

No estado de Idaho, há em vigor uma legislação que exige o consentimento parental (Senate Bill 1329)[3], que impõe a exigência de tal consentimento para o menor de 18 anos, limitando o seu acesso médico somente ao que for autorizado por seu responsável legal. Além disso, a legislação garante que os prestadores de serviços de saúde, devem garantir que os pais tenham acesso ao registro médico de seus filhos menores. Esse modelo de

[3] https://legislature.idaho.gov/wp-content/uploads/sessioninfo/2024/legislation/S1329.pdf .

envolvimento parental obrigatório, coloca em risco a saúde, os direitos e autonomia das crianças e adolescentes do estado de Idaho, uma vez que limita sua capacidade de acessar cuidados médicos e que este seja confidencial, causando diversas problemáticas e contraria o que vem sendo estudado e aprovado pela conduta de ética médica e pesquisas evidenciadas com a fundamentalidade da privacidade no atendimento médico e a saúde de adolescentes. *"The law provides a limited exception that allows the provision of medical care to minors without parental consent only in the event of certain medical emergencies or where there is a court order".* (ACLU, 2024).

O primeiro ponto a ser analisado, é o caso em que adolescentes são estupradas por um de seus genitores ou guardião legal. Se somente a ele pertence o direito de autorizá-la a passar por exames e procedimentos médicos, seja de prevenção à gravidez, acesso a médicos e até mesmo ao aborto advindo de um estupro, como haverá a constatação de que os menores foram vítimas de estupro? Para Deb Wetherelt, coordenadora de enfermagem na área de agressão sexual no estado de Idaho, em uma entrevista concedida para um jornal local, relata que é uma lei problemática, visto se o perpetrador da agressão sexual da criança for um de seus pais, um membro ou amigos próximos da família. (Idaho Capital Sun, 2024).

No mesmo sentido, quando sofrem violência sexual no Brasil, é destacado a importância de um acompanhamento biopsíquico e social, de forma multidisciplinar para atendimento da menor que foi constrangida a tal ato, e quando resultado em gravidez, é permitido por vias legislativas o consentimento do aborto legal, que entretanto, depende de autorização dos representantes legais ou do próprio judiciário.

Uma grande diferença é que apesar da necessidade de autorização no Brasil, ela permitida e concedida. No estado de Idaho, é necessária uma autorização expressa do representante legal para o fornecimento do "Sexual assault kits"[4]. Wetherelt relata ainda que pode existir conflitos familiares como a criança dizer que o estupro decorreu de seu padrasto e sua genitora a desmentir, como será resolvida tal situação: *"So, what I'm going to do as a nurse, if a child comes in and says, 'My stepdad did this to me,' and mom says 'she's a liar, she's been nothing but a liar since she's 8 years old, this is not true. He would never do that.' And I will tell you that happens all too often as well,"* disse ela. (Idaho Capital Sun, 2024).

Nesse ponto, há uma divergência seja de relato da menor e o conflito com sua genitora, gerando dúvidas e a não autorização por sua representante legal, o que pode fazer com que as provas existentes, sejam dissipadas como a coleta de material genético para identificação de sêmen, equimoses corpóreas geradas por tal violência, ou até mesmo algo pior, como a transmissão de doenças transmissíveis. (Brasil, 2020).

Diversos críticos da implementação da lei do consentimento parental, elucidam a dificuldade de acesso ao serviço médico e ainda a eliminação plena da confidencialidade que deveria existir no atendimento médico. Tal implementação, dificultou a capacidade dos adolescentes em alcançar o aconselhamento médico, limitando como relatado acima, a coleta de evidências

---

[4] Sexual assault kits, commonly called rape kits, are exams done by trained nurse examiners after an assault has occurred. The exam involves combing and swabbing the victim's body for DNA evidence and photographing injuries, and can take about four to six hours to complete. The exam's evidence can assist in both confirming a suspect and ruling out suspects in the assault. According to the Rape, Abuse and Incest National Network, an estimated 93 percent of child sexual abuse perpetrators know their victims, and 34 percent are family members. (IDAHO CAPITAL SUN, 2024).

em caso de agressão sexual, com a inclusão de que as escolas locais, busque a autorização e permissão dos pais até mesmo na colocação de band-aids. (The Washington Post, 2024).

Voltando ao caso da adolescente Aleah, as contrações naquela data, haviam sido um alarme falso, entretanto, dias depois, foi necessário outra autorização de sua avó que se encontra encarcerada, realizando a concessão para a tia da adolescente em tomar decisões para o cuidado da menina e do bebê que em breve virá a nascer. Essa peculiaridade regulatória, é complexa e que de certa forma, não mediu tais reflexos. A genitora e adolescente Aleah, não poderá tomar decisões sobre si própria e nem sobre seu bebê. Na mesma matéria, foram divulgados outros dois casos preocupantes em que a autonomia dos adolescentes e a intervenção médica foram comprometidas, gerando riscos significativos à saúde e bem-estar. No primeiro caso, um adolescente de 17 anos com alergia a picadas de insetos, enfrentou uma emergência ao ser acometido com essas picadas, mas não conseguiu acesso ao medicamento e atendimento médico visto seus pais estarem viajando. No segundo caso, um jovem de 16 anos após uma tentativa de suicídio, foi atendido no departamento de emergência. Contudo, apesar da situação ser grave, seus genitores se recusaram a permitir o acompanhamento médico necessário. (The Washington Post, 2024).

Tais relatos, evidenciam um dilema significativo relacionado ao consentimento e a responsabilidade dos pais sobre a saúde dos seus filhos, traz questões complexas sobre o equilíbrio entre o direito dos adolescentes à privacidade e a autonomia médica e a responsabilidade dos pais na proteção da saúde dos seus filhos. Além disso, questões emergenciais devem ser consideradas sem o quesito impositivo ou por meio de aprovação de responsáveis, o que possui previsão na lei em questão.

Considerações finais

A comparação entre a gravidez na adolescência no Brasil e no estado de Idaho nos Estados Unidos, revela não apenas diferenças significativas em relação à legislação e às políticas públicas, mas também na forma como os direitos, a saúde e a autonomia das adolescentes são tratadas em cada contexto.

No Brasil, a gravidez na adolescência é reconhecida como um problema de saúde pública, com múltiplos impactos sociais, econômicos e psicológicos. O país, conta com uma série de políticas voltadas à prevenção, orientação e cuidado das jovens gestantes, como programas educativos nas escolas, distribuição de métodos contraceptivos e a assistência médica durante o pré-natal, parto e pós-parto. Essas medidas buscam reduzir os riscos associados a gravidez precoce, que incluem complicações de saúde para adolescentes e seus bebês como parto prematuro, baixo peso ao nascer, doenças respiratórias, entre outros. Além disso, a legislação brasileira embora requeira o consentimento dos responsáveis legais para algumas decisões, oferece mecanismos que garantem o acesso ao aborto em casos como violência sexual com respaldo do judiciário.

Embora haja cobertura para as adolescentes, ainda se observam lacunas nos programas de educação em saúde e prevenção, especialmente no que diz respeito à promoção do uso de preservativos e contraceptivos. Além disso, faltam políticas públicas direcionadas às jovens gestantes. Esses fatores contribuem para a falta de conhecimento das adolescentes sobre métodos contraceptivos, o que aumenta o risco de uma gravidez indesejada e suas possíveis complicações. Nesse sentido, é fundamental a implementação de ações de prevenção e controle das consequências de uma gravidez precoce.

Essa diferença no tratamento em locais diferentes, reflete a visão distinta sobre o papel da autonomia dos adolescentes e o envolvimento dos pais ou responsáveis nas decisões sobre a saúde e a vida dos filhos. Enquanto no Brasil, apesar de seus desafios, busca-se garantir o direito à saúde e a dignidade das adolescentes, oferecendo suporte jurídico e médico em casos de gravidez resultante de violência. Idaho por outro lado, limita a capacidade das jovens de acessar serviços essenciais de saúde sem o consentimento de seus responsáveis, muitas vezes colocando em risco o bem-estar dos adolescentes, podendo ainda, perpetuar ciclos de abuso e desamparo médico e estatal.

Em ambos os contextos, a gravidez na adolescência continua sendo um problema que exige atenção multidisciplinar, políticas públicas eficazes e uma abordagem que respeite os direitos das adolescentes. Contudo, a situação nos Estados Unidos, em especial em Idaho, revela um cenário mais complexo e restritivo, em que a autonomia de crianças e adolescentes é frequentemente negada, dificultando o acesso e cuidados aos riscos associados à maternidade precoce.

Em contrapartida, o Brasil, embora enfrente desafios, tem investido em estratégias para prevenção, educação e apoio a saúde materno-infantil, busca mitigar todos os impactos negativos da gravidez na adolescência, garantindo a proteção dos direitos das jovens mães e seus bebês.

Referências

ACLU, AMERICAN CIVIL LIBERTIES UNION OF IDAHO. Parental involvement law affecting young people's access to medical care: Senate Bill 1329 fact sheet. 2024. Disponível em: https://www.acluidaho.org/en/parental-involvement-law-affecting-young-peoples-access-medical-care-senate-bill-1329-fact-sheet#:~:text=In%202024%2C%20Idaho%20passed%20Senate,to%20access%20most%20medical%20care. Acesso em: 10 nov. 2024.

ASCEND. Ascend - Empowering Young People and Communities. Disponível em: https://weascend.org. Acesso em: 10 nov. 2024.

BRASIL. Constituição da República Federativa do Brasil. 1988. Disponível em: https://www.planalto.gov.br/ccivil_03/constituicao/constituicao.htm. Acesso em: 11 nov. 2024.

BRASIL. 1ª a 8ª Semana Nacional de Prevenção da Gravidez na Adolescência. 2024. Disponível em: https://bvsms.saude.gov.br/01-a-08-02-semana-nacional-de-prevencao-da-gravidez-na-adolescencia/. Acesso em: 11 nov. 2024.

BRASIL. Lei nº 6.202, de 17 de abril de 1975. Disponível em: https://www.planalto.gov.br/ccivil_03/LEIS/1970-1979/L6202.htm. Acesso em: 10 nov. 2024.

BRASIL. Ministério da Saúde. Gravidez na adolescência: saiba os riscos para mães e bebês e os métodos contraceptivos disponíveis no SUS. 2023. Disponível em: https://www.gov.br/saude/pt-br/assuntos/noticias/2023/fevereiro/gravidez-na-adolescencia-saiba-os-riscos-para-maes-e-bebes-e-os-metodos-contraceptivos-disponiveis-no-sus. Acesso em: 16 nov. 2024.

IDAHO CAPITAL SUN. Idaho's parental consent law prohibits minors from accessing rape kit exams without parents. 6 ago. 2024. Disponível em: https://idahocapitalsun.com/2024/08/06/idahos-parental-consent-law-prohibits-minors-from-accessing-rape-kit-exams-without-parents/. Acesso em: 11 nov. 2024.

BRASIL. MINISTÉRIO DA MULHER, DA FAMÍLIA E DOS DIREITOS HUMANOS. Cartilha Maiô Laranja: uma ação para prevenir a violência contra as mulheres. 2020. Disponível em: https://www.gov.br/mdh/pt-br/assuntos/noticias/2020-2/maio/cartilhamaiolaranja.pdf. Acesso em: 15 nov. 2024.

SÃO PAULO (Estado). Secretaria da Justiça e Cidadania. Gravidez na adolescência: e agora? SP oferece apoio e orientação às jovens. [S. l.], 2023. Disponível em: https://justica.sp.gov.br/index.php/gravidez-na-adolescencia-e-agora-sp-oferece/. Acesso em: 10 nov. 2024.

SÃO PAULO (Estado). Secretaria de Desenvolvimento Social. Os impactos da gravidez durante a adolescência na vida das famílias. [S. l.], 2021. Disponível em: https://www.desenvolvimentosocial.sp.gov.br/os-impactos-da-gravidez-durante-a-adolescencia-na-vida-das-familias/. Acesso em: 14 nov. 2024.

SOCIEDADE BRASILEIRA DE PEDIATRIA (SBP). Adolescência: Prevenção da Gravidez na Adolescência. 2019. Disponível em: https://www.sbp.com.br/fileadmin/user_upload/Adolescencia_-_21621c-GPA_-_Prevencao_Gravidez_Adolescencia.pdf. Acesso em: 15 nov. 2024.

THE WASHINGTON POST. Idaho's parental consent law limits teens' access to health care. 21 out. 2024. Disponível em: https://www.washingtonpost.com/nation/2024/10/21/idaho-consent-law-teens-health-care/. Acesso em: 05 nov. 2024.

AVALIAÇÃO DAS CONSEQUÊNCIAS DA GRAVIDEZ NA ADOLESCÊNCIA: UM ESTUDO COMPARATIVO ENTRE BRASIL E EUA

Cláudio Luiz Masutti [1*]

Introdução

A gravidez na adolescência é um problema multidimensional que afeta desproporcionalmente populações vulneráveis. Embora as taxas globais tenham diminuído, a Organização Mundial da Saúde (OMS) estima que cerca de 12 milhões de meninas entre 15 e 19 anos dão à luz anualmente, muitas delas em condições socioeconômicas desfavoráveis.1,2 No Brasil, as disparidades regionais agravam o cenário, com as regiões Norte e Nordeste registrando as maiores incidências de gravidez precoce devido ao acesso limitado a métodos contraceptivos e programas educacionais consistentes.3,4 Nos Estados Unidos, os avanços na educação sexual e no acesso a contraceptivos resultaram em uma redução significativa nas taxas nas últimas décadas. No entanto, minorias raciais e comunidades de baixa renda continuam a enfrentar barreiras que perpetuam o problema.5,6 Este estudo busca aprofundar a compreensão das causas, consequências e abordagens da gravidez na adolescência em dois contextos

[1] * **Cláudio Luiz Masutti**:
-Graduado pela Faculdade de Ciências Médicas de Santos.
-Licenciatura em Pediatria.
-Pós-graduação em UTI Pediátrica e Neonatal.

distintos, fornecendo subsídios para recomendações de políticas públicas mais efetivas.

1. Objetivos

1.1 Objetivo Geral: Analisar as implicações da gravidez na adolescência no Brasil e nos Estados Unidos, destacando semelhanças, diferenças e estratégias de enfrentamento.

1.2 Objetivos específicos

1. Comparar as taxas de gravidez na adolescência entre os dois países.
2. Avaliar os impactos médicos, sociais e econômicos em diferentes contextos culturais.
3. Examinar as políticas públicas e os programas de prevenção implementados.
4. Propor recomendações baseadas em evidências para melhorar os indicadores de saúde e equidade social.

2. Metodologia

A pesquisa foi baseada em uma revisão sistemática de estudos publicados entre 2014 e 2024, utilizando bases de dados como PubMed, SciELO e CDC Reports. Foram inclusos os seguintes estudos: observacionais, revisões sistemáticas e análises comparativas que abordaram as taxas de gravidez na adolescência, os determinantes culturais e sociais e a efetividade das políticas públicas.

Inicialmente, é preciso entender o investimento dos países europeus no que tange à saúde do trabalhador.

Critério de inclusão:

- Estudos com dados sobre o Brasil e os Estados Unidos.
- Publicações revisadas por pares que analisam políticas públicas e resultados sociais e de saúde.

Análise:

Os dados foram organizados em tabelas e gráficos comparativos, com análise crítica das intervenções.

3. Resultados

3.1 Tabela de estudos analisados

Referência	Objetivo do estudo	Principais resultados
SINASC (2015-2021)[3]	Avaliar as taxas de gravidez na adolescência no Brasil.	As regiões Norte e Nordeste respondem por 63% dos casos.
CDC (2024)[5]	Analisar o impacto do "Programa de Prevenção da *Gravidez em Adolescentes*".	Redução de 58% nas taxas de gravidez na adolescência entre 2010 e 2020.
SciELO (2023)[4]	Estudar as desigualdades regionais na gravidez na adolescência.	As regiões rurais têm maior incidência devido à falta de acesso a métodos contraceptivos e educação sexual.
UNFPA (2022)[7]	Compare as políticas globais de saúde reprodutiva.	Políticas integradas aumentam a adesão dos adolescentes à métodos contraceptivos modernos.
Bicalho et al. (2021)[6]	Identificar tendências de fecundidade em adolescentes brasileiros.	Taxas de fecundidade entre adolescentes de 10 a 14 anos aumentaram manteve-se estável em 3,3 nascimentos por 1.000 habitantes.
Levandowski e Piccinini (2020)[8]	Estudar o impacto psicológico da gravidez precoce.	Adolescentes grávidas são mais propensas a desenvolver distúrbios emocional e abandono escolar.
Martin et al. (2020)[9]	Examinar a eficácia dos contraceptivos de ação prolongada nos Estados Unidos Unido.	Os contraceptivos implantáveis contribuíram para uma redução de 45% nas taxas de gravidez adolescente há cinco anos.
Costa et al. (2022)[10]	Explorar as vulnerabilidades sociais associadas à gravidez precoce no Rio de Janeiro.	Desigualdades sociais e violência sexual são fatores determinantes crítica da gravidez entre meninas de 10 a 14 anos.

Fonte: Elaboração dos autores com base em dados do SINASC (2015-2021)[3], CDC (2024)[5], SciELO (2023)[4], UNFPA (2022)[7], Bicalho et al. (2021)[6], Levandowski e Piccinini (2020)[8], Martin et al. (2020)[9] e Costa et al. (2022)[10].

Detalhes dos novos estudos

1. Bicalho et al. (2021): Este estudo brasileiro destacou a estabilidade das taxas de fecundidade entre adolescentes muito jovens (10 a 14 anos), indicando que os esforços atuais devem ser direcionados para mudanças culturais e estruturais profundas.[6]

2. Levandowski e Piccinini (2020): O impacto emocional da gravidez precoce foi um dos principais focos, mostrando uma maior propensão a desenvolver depressão e outros transtornos mentais entre as adolescentes grávidas, especialmente aquelas sem apoio familiar adequado.[8]

3. Martin et al. (2020): Analisando dados dos EUA, a pesquisa mostrou que contraceptivos reversíveis de longa duração, como DIUs e implantes, tiveram um impacto direto na redução das taxas de gravidez na adolescência.[9]

4. Costa et al. (2022): Com base em dados do Rio de Janeiro, este estudo revelou que meninas expostas à violência sexual e às desigualdades econômicas enfrentam riscos substancialmente maiores de gravidez precoce. Essa análise reforça a necessidade de intervenções preventivas e protetoras.[10]

Análise inicial

Indicador	Brasil	Estados Unidos
Taxa de gravidez na adolescência (2020)	62/1.000 adolescentes	16/1.000 adolescentes
Consultas Pré-natal Completar	49,5% das mulheres Grávida	O 88% de o mulher Grávida
Taxa de abandono escolar	33%	20%
Acesso à contracepção	Limitado nas zonas rurais	Largo com Programas Específico

Fonte: Adaptado de OMS (2022)[1], UNFPA (2023)[2], SINASC (2015-2021)[3], CDC (2024)[5], SciELO (2023)[4], Ministério da Saúde (2021)[12] e HHS (2023)[13].

A tabela e os estudos mais recentes complementam a análise inicial, destacando a importância de abordagens multifatoriais. No Brasil, a implementação de políticas que contemplem questões culturais e socioeconômicas ainda é limitada. Por outro lado, os Estados Unidos demonstram que os avanços tecnológicos e os programas educacionais

Resultados consistentes podem reduzir significativamente as taxas de gravidez na adolescência, embora não sejam suficientes para eliminar as desigualdades estruturais. Os dados foram organizados em tabelas e gráficos comparativos, com análise crítica das intervenções.

Tabela: Indicadores comparativos de gravidez na adolescência

Tabela de comparação: Taxas de gravidez na adolescência por região (Brasil e EUA)

Região	Brasil (por cada 1.000 adolescentes)	Estados Unidos (por 1.000 adolescentes)
Norte	75	-
Nordeste	65	-
Sudeste	40	-
Sul	35	45
Midwest	50	-
Sul (Estados Unidos Unidos)	-	45
Nordeste (EUA)	-	25
Centro-Oeste (EUA) EUA)	-	35
Oeste (Estados Unidos Unidos)	-	30

Fonte: Elaboração dos autores com base nos dados do SINASC (2015-2021)[3], CDC (2024)[5] e SciELO (2023)[4].

Análise adicional

• **Brasil**: As regiões Norte (75/1.000) e Nordeste (65/1.000) apresentam as maiores taxas de gravidez na adolescência, refletindo desigualdades socioeconômicas e acesso limitado à saúde reprodutiva.

• **Estados Unidos**: As taxas são mais baixas em geral, mas a região Sul (45/1.000) se destaca com as taxas mais altas, relacionadas a barreiras culturais e econômicas.

3.2 Dados Comparativos

Indicador	Brasil	Estados Unidos
Taxa de gravidez na adolescência (2023)	53/1.000 adolescentes.[10.11]	15,4/1.000 Adolescentes.[11]
Consultas pré-natais completas	49,5% das gestantes.[12]	88% das gestantes.[12]
Abandono escolar	33%[12]	20%[13]
Acesso à contracepção	Limitado, especialmente nas áreas rurais.[11]	Amplo, com programas subsidiados.[11]
Educação sexual nas escolas	Fragmentado, com baixa cobertura nacional.[10]	Integrado ao currículo escolar.[13]
População mais vulnerável	Regiões Norte e Nordeste; Juventude Negra e Indígena.[12]	Minorias étnicas (latinas e afro-americanas)[13]
Taxa geral de natalidade (2023)	14,3 nascimentos por 1.000 habitantes.[12]	11,0 nascimentos por por 1.000 habitantes11
Mortalidade materna (2019-2021)	62-190 mortes por 100.000 nascidos vivos, com disparidades raciais (negros: 190; indígenas: 149)[12-14]	17 mortes para cada 100.000 nascidos vivos.[11]

Fonte: Adaptado de OMS (2022)[1], UNFPA (2023)[2], SINASC (2015-2021)[3], CDC (2024)[5], SciELO (2023)[4], Ministério da Saúde (2021)[12] e HHS (2023)[13].

4. Discussão

Os dados analisados revelam um padrão de desigualdade na abordagem e nos desfechos da gravidez na adolescência entre Brasil e Estados Unidos. No Brasil, embora as taxas tenham diminuído gradativamente nos últimos anos, elas permanecem elevadas em regiões menos desenvolvidas, como Norte e Nordeste. Fatores como desigualdade socioeconômica, baixa escolaridade e acesso limitado a métodos contraceptivos são determinantes significativos dessa realidade. Os dados mostram que 49,5% das adolescentes grávidas realizaram 7 ou mais consultas de pré-natal, enquanto 41% realizaram apenas 4 a 6 consultas, indicando disparidades regionais significativas no acesso à saúde básica.[5.6] Nos Estados Unidos, a redução das taxas de gravidez na adolescência foi impulsionada por programas educacionais e maior acesso à contracepção, como o *Programa de Prevenção da Gravidez na Adolescência*. No entanto, persistem problemas entre as minorias étnicas e as populações de baixa renda, que enfrentam barreiras culturais e econômicas. Taxa de gravidez entre adolescentes latinas e afro-americanas continua sendo desproporcionalmente alto, refletindo desigualdades sociais e raciais profundamente arraigadas.[7.8] As consequências sociais, como o abandono escolar e a exclusão económica, têm um impacto grave no desenvolvimento das adolescentes. No Brasil, cerca de 33% das adolescentes grávidas abandonam a escola, agravando o ciclo da pobreza. Nos Estados Unidos, essa taxa é de 20%, mas os impactos são exacerbados em comunidades marginalizadas. Ambos os países destacam a necessidade de políticas mais inclusivas e culturalmente adaptadas para garantir a igualdade de oportunidades e o acesso aos direitos reprodutivos.

Fatores emocionais também desempenham um papel central. As adolescentes enfrentam julgamentos sociais, isolamento e, muitas vezes, falta de apoio familiar adequado, o que intensifica os desafios psicológicos. Os programas de apoio emocional são essenciais para mitigar os efeitos adversos da maternidade precoce e promover o bem-estar das mulheres jovens e de seus filhos.[9.10]

5. Conclusão

A gravidez na adolescência representa um problema multidimensional que requer estratégias de enfrentamento específicas e regionais. No Brasil, os esforços devem ser direcionados para a redução das desigualdades regionais e a ampliação do acesso à contracepção e à educação sexual, especialmente em áreas rurais e comunidades marginalizadas. Programas como o "Saúde Escolar" precisam de expansão e financiamento para alcançar maior cobertura e eficácia. Nos Estados Unidos, embora as taxas estejam diminuindo, a lacuna entre os grupos socioeconômicos e raciais indica que as políticas universais não atendem plenamente às necessidades das populações vulneráveis. O fortalecimento de programas específicos, como o Programa de Prevenção da *Gravidez na Adolescência*, e o aumento de iniciativas culturais e linguísticas inclusivas são fundamentais para continuar a reduzir as taxas de gravidez na adolescência. Ambos os países podem se beneficiar do intercâmbio de experiências e boas práticas, especialmente no que diz respeito à educação sexual integral e ao apoio socioemocional para adolescentes grávidas. A promoção de campanhas educativas e a inclusão de meninas adolescentes nos diálogos sobre seus direitos reprodutivos são passos cruciais para transformar esse cenário.

Referências

1. Organização Mundial da Saúde (OMS). Relatório Global sobre Gravidez na Adolescência. 2022.

2. United Nations Population Fund (UNFPA). Relatório Anual. 2023.

3. SINASC. Dados sobre gravidez na adolescência. 2021.

4. Relatório de gravidez na adolescência. 2024.

5. Ministério da Saúde. Dados do SINASC (2015-2021). Disponível em: https://bvsms.saude.gov.br. Acesso em: 10 dez. 2024.

6. SciELO Saúde Pública. Gravidez na adolescência no Brasil: desafios regionais. 2023. Disponível em: https://scielo.org. Acesso em: 10 dez. 2024.

7. Centers for Disease Control and Prevention (CDC). Gravidez na adolescência nos Estados Unidos. 2023. Disponível em: https://cdc.gov. Acesso em: 10 dez. 2024.

8. Instituto Guttmacher. Relatórios Anuais sobre Gravidez na Adolescência. 2021. Disponível em: https://guttmacher.org. Acesso em: 10 dez. 2024.

9. Levandowski D, Piccinini CA. Impacto psicológico da gravidez na adolescência. Rev Bras Psicologia. 2020. Disponível em: [link do artigo se aplicável]. Acesso em: 10 dez. 2024.

10. Costa ND, et al. Vulnerabilidades sociais e gravidez precoce no Rio de Janeiro. 2022. Disponível em: https://unirio.br. Acesso em: 10 dez. 2024.

11. SciELO Saúde Pública. Disparidades no acesso à educação sexual no Brasil. 2023. Disponível em: https://scielo.org. Acesso em: 10 dez. 2024.

12. Centers for Disease Control and Prevention (CDC). Gravidez na adolescência nos Estados Unidos. 2023. Disponível em: https://cdc.gov. Acesso em: 10 dez. 2024.

13. Ministério da Saúde. Dados sobre gravidez na adolescência no Brasil (2015-2021). Disponível em: https://bvsms.saude.gov.br. Acesso em: 10 dez. 2024.

14. Department of Health and Human Services (HHS), Office of Population Affairs. Tendências na gravidez e maternidade na adolescência. 2023. Disponível em: https://opa.hhs.gov. Acesso em: 10 dez. 2024.

OS INFLUENCIADORES DIGITAIS DE SAÚDE NO BRASIL E NO DIREITO COMPARADO: EUA E UNIÃO EUROPEIA

Eduardo Leandro de Queiroz e Souza [1]*

Introdução

O aumento exponencial das plataformas digitais, culminou no surgimento dos influenciadores digitais, que na área da saúde passaram a ter um papel significativo na divulgação de informações sobre bem-estar, prevenção de doenças, políticas de saúde e tratamentos, e por terem a capacidade de alcançar um grande público, esses profissionais acabam influenciando os usuários em suas decisões individuais e coletivas relacionadas aos cuidados de saúde.

O estudo analisou a regulação jurídica desses profissionais no Brasil, Estado Unidos da América (EUA) e União Europeia, e os desafios jurídicos trazidos pela atuação dos influenciadores digitais de saúde, compreendendo que a evolução da regulação desse segmento é necessária para acompanhar o atual cenário da era digital e para o futuro dessa atuação.

Nos países de línguas inglesa, como os Estados Unidos, Canadá e Reino Unido, os influenciadores são chamados de *e-Mavens*, na qual *"mavens"* deriva

---

[1] * **Eduardo Leandro de Queiroz e Souza**:
-Advogado. Graduado em Direito pelas Faculdades Metropolitanas Unidas. Pós-graduado em Direito Difusos, Coletivos e Individuais Homogêneos. Pós-graduado em Direito Processual Civil. Pós-graduado em Direito Público.
-Mestrando em Direito da Saúde: Dimensões Individuais e Coletivas no PPG da Universidade Santa Cecília.
-Sócio-proprietário do escritório Queiroz Advogados, com ênfase em Direito Público.
-E-mail: adv@qadv.com.br. Lattes: http://lattes.cnpq.br/0631501617557269. ORICD: https://orcid.org/0009-0001-7180-604X .

do hebraico e significa pessoa que possui conhecimento e o compartilha com os outros, o termo em inglês designa uma pessoa especialista ou entusiasta que divulga conhecimentos, e os influenciadores digitais de saúde são chamados de *Health e-Mavens*.

O problema do estudo refere-se à atuação desses influenciadores digitais na área da saúde, que apesar de democratizar o acesso à informação, pode oferecer riscos à população ao propagar desinformação, comprometendo a saúde pública e a segurança do cidadão.

Compreender os riscos da atuação dos influenciadores e a necessidade de regulamentação justifica este estudo, especialmente diante do aumento de conteúdos digitais relacionados à saúde que podem impactar negativamente a saúde pública.

O estudo teve como objetivo a análise comparativa dos sistemas jurídicos do Brasil, Estados Unidos e União Europeia na regulação da atuação dos influenciadores digitais de saúde.

Foi utilizada a metodologia qualitativa e comparativa, por meio da análise de documentos legais e jurisprudência.

O estudo trabalhou com a hipótese de que os diferentes contextos jurídicos influenciam na eficácia de políticas de regulação dos influenciadores digitais.

Os resultados mostraram que os EUA apesar de não possuírem lei específica para a regulação dessa atividade, intervém apenas em casos de violação de privacidade, publicidade ou segurança sanitária, conforme estabelecido pela *Health Insurance Portability and Accountability Act*[2] *(HIPAA)* e

---

[2] Lei de Portabilidade e Responsabilidade dos Planos de Saúde, promulgada em 1996 nos Estados Unidos.

pela *Food and Drug Administration*[3] *(FDA),* bem como pelas diretrizes e regras sobre marketing e divulgação de anúncios pela *Federal Trade Commission (FTC).*

Na União Europeia, a França foi o primeiro país a regulamentar diretamente a profissão dos influenciadores, por meio da Loi n.º 2023-45i (França, 2023, s/p).

O Brasil apesar de garantir o direito fundamental a informação e à liberdade de expressão, regula a atuação dos profissionais de saúde pelo Código de Ética Médica e pelas resoluções da Agência Nacional de Vigilância Sanitária (ANVISA)[4], além das normas de publicidade e oferta do Código de Defesa do Consumidor que podem ser aplicadas aos influenciadores digitais.

Desta forma buscou-se refletir sobre a necessidade de políticas de regulamentação dos influenciadores da saúde com instrumentos de fiscalização que garantam a proteção aos usuários frente à desinformação, equilibrando o direito fundamental à informação e à liberdade de expressão.

1. Os Influenciadores Digitais de Saúde

[3] Food and Drug Administration, é uma agência federal dos Estados Unidos responsável pela saúde pública, e regulamenta e supervisiona alimentos, vacinas, medicamentos, dispositivos médicos, cosméticos, produtos biológicos e produtos de tabaco. Exerce o controle e segurança desses produtos antes da comercialização.

4 Agência Nacional de Vigilância Sanitária, autarquia brasileira, com regime especial vinculada ao Ministério da Saúde criada pela lei n.º 9.782/1999, exerce o controle sanitário no país que envolva saúde pública, medicamentos, alimentos, cosméticos, produtos médicos, agrotóxicos e serviços de saúde.

O surgimento dos influenciadores digitais no mundo especialmente na área da saúde, transformaram a forma como as pessoas utilizam e buscam informações médicas.

Os influenciadores digitais de saúde propagam conhecimento sobre bem-estar, doenças e medicamentos, contribuindo para a democratização do acesso à informação.

Diante desse cenário em constante transformação, torna-se fundamental compreender os benefícios, impactos, desafios e responsabilidades relacionados a atuação desses profissionais, além de analisar as tendências futuras de regulação pelos países.

Conforme texto de conclusão do Conselho da União Europeia n.º 9301/24 "os influenciadores fazem parte do ecossistema mediático mundial" (Conselho da União Europeia, 2024, s/p). Assim, podemos concluir que estão inseridos na realidade da Sociedade 5.0, caracterizada pelo uso da tecnologia para o bem-estar e por ser hiperconectada. Os *Health e-Mavens* são indivíduos engajados de forma ativa no compartilhamento em busca de informações da saúde de forma on-line (Sun, 2015, p. 1071).

Os influenciadores digitais divulgam informações em plataformas digitais como *YouTube, TikTok, Instagram, Facebook e blogs*, e influenciam nas decisões e no comportamento de milhares de pessoas, atuando como intermediários entre o conhecimento teórico e o conhecimento comum.

Os influenciadores podem ser profissionais de saúde certificados, como nutricionistas, médicos, fisioterapeutas, psicólogos, que compartilham informações baseadas em estudos científicos e na prática clínica, divulgam conteúdos sobre doenças e tratamentos de saúde, além também do surgimento crescente de especialistas em bem-estar e fitness, como instrutores de yoga e profissionais de educação física, que divulgam dicas sobre hábitos saudáveis e cuidados com o corpo.

A facilitação do acesso a informações sobre saúde e bem-estar é um aspecto positivo da atuação desses profissionais, desde que sejam confiáveis e verdadeiras, pois incentiva a população a adotar hábitos de vida mais saudáveis e democratiza o acesso à informação.

A rede digital tem sido transformada em um espaço de apoio social, como ocorre com grupos de pacientes com doenças específicas.

Muitos influenciadores da saúde que são profissionais da área também se dedicam a corrigir informações equivocadas, criando conteúdos respaldados cientificamente.

No entanto, é comum que influenciadores digitais da saúde não sejam especializados, nem possuam títulos de especialistas ou formação acadêmica na área. Esses indivíduos, interessados no tema, compartilham suas opiniões com pessoas interessadas, utilizando discursos persuasivo para aumentar o engajamento de seus seguidores (Castro, 2024, p. 02).

Influenciadores de saúde sem formação acadêmica específica representam um risco para a sociedade e saúde pública, pois a falta de conhecimento técnico e científico os torna suscetíveis a disseminar informações equivocadas ou falsas sobre tratamentos e medicamentos, colocando em risco à saúde de seus seguidores.

A existência de práticas prejudiciais à saúde, como a publicidade enganosa, divulgação de produtos sem registro e violações éticas por parte de profissionais de saúde que compartilham indevidamente informações sensíveis, reforça a necessidade de uma regulação mais rigorosa para essa atividade que se tornou comum.

1.1 Os Desafios e Perigos dos Influenciadores de Saúde: Desinformação e *Fake News*

Na sociedade 5.0, a sociedade passou a consumir diariamente serviços digitais em busca de informações incluindo sobre saúde e a atuação dos profissionais digitais, como os influenciadores ganhou destaque, pois impacta a promoção da saúde pública e apresenta desafio éticos que precisam ser enfrentados pelos países.

A facilitação do acesso à informação pode ter democratizado o direito à informação, ao permitir que a população tenha acesso a conhecimentos antes restritos a consultas com profissionais habilitados ou a dados disponibilizados em pesquisas e publicações acadêmicas. Contudo, por outro lado, traz riscos de desinformação e interpretações equivocadas sobre conceitos técnicos e específicos, especialmente quando influenciadores sem especialização ou formação acadêmica na área compartilham conteúdos, o que representa um perigo para a sociedade e saúde pública. Essa desinformação, aliada às *fake News* agrava ainda mais o cenário.

Com esse novo panorama, a esfera pública ganhou um novo significado. Para alguns, a seleção de conteúdos entregues aos usuários pelas plataformas representa uma forma não democrática de disseminação de informação, devido ao risco de manipulação. Assim entende Marta Rocha Castro em sua pesquisa (2024, p. 02):

> A esfera pública nos últimos anos é dominada pelas redes sociais digitais e a entrega dos conteúdo dominada por um conjunto de regras que determinam quais os conteúdos serão entregues aos usuários, constituindo uma forma não democrática de disseminação de informações. Para Habermas, esfera pública é um campo de debate pública em que assuntos de interesses gerais podem ser discutidos,

contribuindo para o processo democrático, no entanto com a emergência das mídias digitais e da forma como as informações e discussões são divulgadas, as informações são manipuladas favorecendo interesses econômicos.

As notícias falsas e equivocadas na área da saúde podem desencadear uma crise na saúde pública, como a ocorrida durante a COVID-19, devido à disseminação de informações contraditórias e duvidosas sobre a doença, vacina e medicações.

Uma das maiores preocupações atuais é a propagação de desinformação e *fake News,* pois influenciadores sem formação adequada podem divulgar informações sobre tratamentos não comprovados ou não autorizados, colocando em risco a saúde da população.

As *fakes News*, podem ser criadas com o intuito de gerar lucro ou exercer influência, sendo disseminadas de forma involuntária ou intencional (Hofseth, 2017, s/p).

Um estudo realizado pelo Instituto de Tecnologia de *Massachusetts* (MIT), divulgado em 2018 (MIT, 2018, s/p), analisou a disseminação de notícias falsas no *Twitter*. Os resultados revelaram que os humanos e não os robôs, são os principais responsáveis pela propagação de *fake News*. O estudo constatou que notícias falsas se espalham mais rápido do que histórias verdadeiras, possuindo 70% mais probabilidade de serem compartilhadas. Além disso, foi identificado que as histórias verdadeiras levam, em média, seis vezes mais tempo para alcançar 1.500 pessoas do que as histórias falsas atingirem esse mesmo número. (Dizikes, 2018, s/p).

Na mesma linha de pesquisa, a Universidade de *Oxford* no Reino Unido (Agência Brasil, 2019, s/p), demonstrou por meio de um estudo, que as *fakes News* geram mais engajamento nas redes sociais em comparação com conteúdo baseados em informações verdadeiras. Esses conteúdos falsos, denominados no estudo como *"junk news"* ou "notícia lixo", apresentam maior interação dos usuários, especialmente no Facebook, seguido pelo Twitter. O estudo destaca que essa disseminação de informações falsas tem gerado preocupação entre as autoridades da União Europeia (Agência Brasil, 2019, s/p).

Conforme um estudo realizado em 2019 (OXFORD, 2020, s/p) por pesquisadores da Universidade de *Oxford*, a disseminação de desinformação é a maior preocupação dos usuários da internet e das mídias sociais. Mais da metade dos usuários da internet no mundo se preocupa com a possibilidade de encontrar notícias falsas, usuários de países do Sul demonstram maior preocupação com assédio online, enquanto na Ásia, os usuários se mostraram os menos preocupados com a desinformação digital (OXFORD, 2020, s/p).

O Índice de Desinformação Global – GDI (*Global Disinformation Index*) em seu relatório de 2021 (GDI, 2021, p. 02) intitulado "Avaliação de Riscos de Desinformação: O Mercado de Notícias Online no Brasil", aponta que a desinformação desestabilizou o senso comum na pandemia de COVID-19, além de trazer a seguinte consideração:

> Os sites de notícias têm recebido incentivos financeiros para divulgar a desinformação, visando aumentar seu tráfego online e, essencialmente, suas receitas publicitárias. No meio tempo, a disseminação de desinformações tem acarretado consequências disruptivas e significativas. **A pandemia de COVID-19 nos oferece um exemplo recente. Ao desestabilizar o senso comum a respeito de fatos aceitos pela sociedade, tais narrativas enfraquecem a saúde e a segurança pública e as respostas governamentais.** (g.n) (GDI, 2021, p. 02)

Conforme Kamida et al (2021, p. 04), a produção de conteúdos falsos, polêmicos, tirados de contexto e imprecisos, que causam a desinformação, é um dos artifícios utilizados para o aumento da visibilidade nas redes sociais, configurando, portanto, a prática de *fake News*.

Portanto, os influenciadores digitais, sites e plataformas digitais, devem ter responsabilidade na divulgação de informações relacionadas à saúde.

2. A Regulação da Atividade dos Influenciadores Digitais de Saúde no Brasil e no Direito Comparado

A divulgação de informações sobre saúde através dos influenciadores digitais, podem trazer riscos significativos aos seus usuários, sendo urgente a regulação dessa atividade.

Normas claras que regulamentem e delimitem a atuação desses profissionais, com o objetivo de proteger a saúde pública devem ser consideradas pelos governos, além da educação midiática na qual auxiliaria os usuários das plataformas a identificarem fontes confiáveis.

Tais medidas podem garantir que a atuação dos influenciadores seja positiva, conduzida de forma ética e informativa, contribuindo para a democratização do acesso à informação de saúde confiáveis e de qualidade.

2.1 A Regulação dos Influenciadores Digitais de Saúde no Brasil

Os desafios relacionados à ética, à proteção da saúde pública e à segurança da informação em relação aos influenciadores digitais de saúde fazem surgir um novo cenário, no qual o país busca desenvolver uma regulamentação para essa atuação, a fim de equilibrar o direito à informação e a liberdade de expressão com a responsabilidade legal e ética, pois tem-se observado a crescente especialização e divulgação do senso comum, muitas vezes em detrimento da ciência e da responsabilidade técnica.

O acesso à informação e a liberdade de expressão são direitos fundamentais garantidos pela Constituição da República Federativa do Brasil de 1988 (Brasil, 1988, s/p).

Não existe, atualmente no Brasil, uma legislação específica regulamentando a atuação dos influenciadores digitais na área de saúde, como solução os Tribunais brasileiros têm recorrido ao Código de Defesa do Consumidor, às orientações do Conselho Nacional de Autorregulamentação Publicitária (CONAR), Código Civil, Código Penal e Código de Ética Médica como bases jurídicas para tratar essa questão.

O Conselho Nacional de Autorregulamentação Publicitária (CONAR), é uma organização não governamental que exerce um papel fundamental na fiscalização de anúncios e campanhas publicitárias. Por meio do Código Brasileiro de Autorregulamentação Publicitária, especialmente o capítulo II, artigos 28 a 31 (Brasil. CONAR, 1978, s/p), o CONAR regula a veiculação de anúncios e campanhas que não podem ser enganosos, ofensivos, abusivos ou que violem a concorrência entre os anunciantes (Mitre et al, 2017, s/p).

Em 2021 o Conar lançou o Guia de Publicidade por Influenciadores Digitais (Brasil. CONAR, 2021, s/p,) com definições e recomendações, na qual define publicidade por influenciadores:

> [...] é assim considerada para a autorregulamentação publicitária a mensagem de terceiro destinada a estimular o consumo de bens e/ou serviços, realizada pelos chamados Influenciadores Digitais, a partir de contratação pelo Anunciante e/ou Agência. Em geral, três elementos cumulativos são necessários para caracterizar a referida publicidade. (Conar, 2021, p. 03).

O guia esclarece que, para caracterizar a publicidade, são necessários três elementos cumulativos:

> "I – A divulgação de produto, serviço, causa ou outro sinal a eles associado;
> II – A compensação ou relação comercial, ainda que não financeira, com Anunciante e/ou Agência; e
> III – A ingerência por parte do Anunciante e/ou Agência sobre o conteúdo da mensagem (controle editorial na postagem do influenciador)." (Conar, 2023, pg. 03).

O Código de Defesa do Consumidor (CDC), instituído pela lei n.º 8.078/1990, (Brasil, 1990, s/p), dispõe em seus artigos 30, 35, 36 e 37, sobre a responsabilidade referente à publicidade, informação, impondo ao fornecedor a obrigação de garantir a veracidade do que for veiculado, além de proibir toda publicidade enganosa e abusiva.

Os Tribunais brasileiros têm decidido pela responsabilidade dos influenciadores digitais por danos que causarem aos consumidores em virtude de publicidade enganosa. A 30.ª Câmara de Direito Privado do Tribunal de Justiça do Estado de São Paulo julgou a Apelação n.º 1052135-63.2023.8.26.000 nesse sentido, e condenou uma influenciadora ao pagamento de danos materiais referente ao ressarcimento de um valor pago na contratação de um curso de marketing que garantia um rendimento mínimo diário não alcançado pela consumidora, e declarou a nulidade do contrato firmado entre as partes. (TJSP, 2024, s/p).

O Código de Ética Médica (CEM) instituído através da Resolução CFM n.º 1.931/2009 (Brasil. CFM, 2009, s/p) pelo Conselho Federal de Medicina (CFM), estabelece diretrizes para atuação ética dos profissionais de saúde, que se aplicam também às atividades realizadas em ambiente online. O CEM determina que os médicos só podem divulgar informações ao público que tenham embasamento científico, evitando práticas de autopromoção indevida e práticas sensacionalistas e em 2023 o CFM editou uma nova resolução para regulamentar a publicidade e propaganda médica, a Resolução CFM n.º 2.336/2023 (Brasil. CFM, 2023, s/p).

Em caso de descumprimento das normas do estatuto, os médicos podem ser punidos com advertências, multas ou até a cassação do registro profissional.

A publicidade de medicamentos, cosméticos e dispositivos médicos é regulada pela ANVISA, através da Resolução RDC n.º 96/2008 (Brasil. ANVISA, 2008, s/p), que tem como objetivo proteger os consumidores, garantindo que a publicidade não os induza a erros e nem presente informações falsas.

Atualmente existem diversos projetos de lei (PL) no Congresso Nacional que buscam regulamentar, de alguma forma, a atividade dos influencers digitais. O PL 1282/2022 (Brasil. Câmara dos Deputados, 2022, s/p) dispõe sobre a regulamentação da profissão de influenciador digital, o PL 2347/2022 (Brasil. Câmara dos Deputados, 2022, s/p) dispõe sobre a regulamentação da atividade profissional de influenciador digital profissional no âmbito federal, o PL 2259/2022 (Brasil. Câmara dos Deputados, 2022, s/p) que estabelece regras para o exercício da atividade de influenciador digital mirim, o PL 4933/2023 (Brasil. Câmara dos Deputados, 2023, s/p) que dispõe sobre a contratação de influenciadores digitais para qualquer tipo de ação de publicidade relativo a ativos virtuais, PL 4.302/2023 (Brasil. Câmara dos Deputados, 2023, s/p) que dispõe sobre a permissão de influenciadores digitais realizarem publicidade de sites de apostas online e cassinos online e estabelece a tributação e destinação dos lucros provenientes dessas atividades e o PL 2689/2024 (Brasil. Câmara dos Deputados, 2024, s/p) que dispõe sobre a atividade de influenciador digital.

A atividade dos influenciadores digitais na área da saúde apresenta riscos significativos, como a recomendação de produtos sem base científica e sem autorização da ANVISA, conselhos médicos irresponsáveis por influenciador sem qualificação e formação médica, divulgação de dietas e tratamentos potencialmente perigosos, além da falta de transparência em parcerias comerciais, nas quais influenciadores são remunerados para promover produtos ou serviços.

A regulamentação da atividade dos influenciadores de saúde deverá prevenir danos à saúde da população, combatendo à desinformação e fake News garantindo maior proteção ao consumidor. Para alcançar esses objetivos, podem ser adotada medidas como: certificação de influenciadores, plataformas de denúncias, órgão público de fiscalização, campanhas de conscientização e diretrizes de conteúdo.

2.2 A Regulação dos *Health E-Mavens* nos EUA

Nos Estados Unidos, não existe uma lei específica que regule diretamente a atividade de influenciador digital, contudo, há normas relacionadas à proteção ao consumidor, publicidade e segurança sanitária que devem ser observadas.

O país possui um departamento de saúde e serviços humanos chamado *Food & Drug Administration* (FDA) (FDA, s/d, s/p) que atua na fiscalização e regulamentação da segurança e eficácia de medicamentos humanos e veterinários, produtos biológicos e dispositivos médicos, além de supervisionar a segurança de alimentos, cosméticos, e dispositivos que emitem radiação e produtos de tabaco. Além disso, o *Health Insurance Portability and Accountability Act* (HIPAA) (EUA, s/d, s/p) é uma lei que estabelece a portabilidade e responsabilidade de convênios médicos, definindo padrões para a proteção de dados sensíveis dos pacientes e de empresas que atuam com dados de saúde, sendo uma referência em cibersegurança na área da saúde.

Em 2010, a *American Medical Association* (AMA), que é uma associação profissional dos médicos e estudantes de medicina dos EUA, emitiu uma declaração definindo como os profissionais deveriam usar os canais de mídia social, recomendando cautela ao separar perfis profissionais e pessoais e preservar a privacidade dos pacientes (Kanchan et al, 2023 p. 07). De maneira semelhante, o *Accreditation Council for Graduate Medical Education* (ACGME) abordou o tema, enquanto as diretrizes do *American College of Physicians Federations of State Medical Boards* (ACP-FSMB) afirmaram que as orientações sobre o profissionalismo médico online devem ser uma base inicial a ser revisada e adaptada para acompanhar o avanço das tecnologias, além de tratar sobre as diretrizes de uso de mídia social e rede da web (Kanchan et al, 2023 p. 07).

A *Federal Trade Commission* (FTC) é uma agência do governo federal norte-americano responsável pela proteção dos consumidores e pela concorrência (FTC, 2017, s/p) e pode ser equiparada ao Conselho de Defesa Econômica do Brasil (CADE)[5]. (Mitre et al, 2017, s/p,)

Em 2017, a equipe da FTC analisou diversas postagens no Instagram de celebridades, atletas e influenciadores, e enviou mais de 90 cartas a influenciadores e profissionais de marketing lembrando-os da necessidade de divulgar de forma inequívoca os seus relacionamentos com as marcas nas quais promovem a divulgação em plataformas digitais (FTC, 2017, s/p). Foi a primeira vez que a agência do governo entrou em contato com os influenciadores para emitir um comunicado com fins educacionais (FTC, 2017, s/p).

A FTC possui um guia de endosso que estabelece que, no caso de uma "conexão material" entre um endossante e um anunciante, a conexão, que pode

---

[5] CDE. Conselho Administrativo de Defesa Econômica é um autarquia federal brasileira vinculada ao Ministério da Justiça do país. Atua zelando pela livre concorrência.

afetar a credibilidade atribuída ao endosso, deve ser divulgada de forma visível e clara, o guia é aplicado aos profissionais de marketing e aos endossantes (FTC, 2017, s/p).

As cartas enviadas pela FTC forneceram informações básicas sobre como os profissionais de marketing e influenciadores devem divulgar a conexão material em um anúncio, com foco específico nas postagens de Instagram (FTC, 2017, s/p).

2.3 Regulação dos Influenciadores de Saúde na União Europeia

A União Europeia tem intensificado os debates e discussões políticas sobre os meios de comunicação social e a saúde. Um estudo elaborado pela Universidade de Viena com 1000 pessoas entre 15 e os 25 anos, revelou que cerca de 30% dos participantes seguem influenciadores de saúde e já compraram um produto recomendado por um influenciador da saúde (Fortuna, 2024, s/p).

O Conselho da União Europeia, em reunião realizada em 13-14 de maio de 2024 manifestou apoio aos influenciadores enquanto criadores de conteúdo em linha, e alertou sobre os impactos na saúde mental e física do seu público, especialmente o dos menores, e sobre o cuidado com as informações incorretas (Conselho (Educação, Juventude, Cultura e Desporto da União Europeia, 2024, s/p):

> "A saúde mental e física do seu público, em especial a dos menores, pode ser negativamente afetada pelos riscos inerentes ao ambiente em linha, tais como a ciberintimidação, as informações incorretas ou a desinformação e a comparação pouco saudável com os influenciadores. Além disso, as informações incorretas e a desinformação partilhadas por alguns influenciadores também podem ter um impacto negativo a nível social em domínios como a saúde pública e a democracia."

A França foi o primeiro país da Europa a regulamentar a atividade dos influenciadores, através da Loi n.º 2023-45i (França, 2023, s/p). O parlamento aprovou por unanimidade a lei que regulamenta o marketing de influenciadores digitais e as postagens em mídias sociais, com o objetivo de proteger os consumidores, em especiais os jovens.

A lei francesa em seu artigo 4.º – I a V (França, 2023, s/p), proíbe a atividade de influência comercial por meios eletrônicos de qualquer promoção direta ou indireta de processos, atos, técnicas e métodos com finalidade estética, protocolos ou prescrições terapêuticas, produtos considerados como produtos de nicotina (ou seja, conteúdo pago que promova o tabagismo), cirurgias estéticas, procedimentos de prescrição reservados para profissionais de saúde, alguns produtos e remédios classificados como perigosos, alguns dispositivos médicos e determinados produtos financeiros (França, 2023, s/p). A lei também instituiu algumas penalidades como a instituída na secção 2, artigo 5.º - I, com pena de prisão de até 2 anos e multa de 300 mil euros o equivalente a R$1.6 milhão (França, 2023, s/p).

A lei também obriga, na seção 9 - II, que os influenciadores que atuam fora da União Europeia, da Suíça ou do Espaço Econômico Europeu contratem um seguro civil no bloco europeu, com a intenção de criar um fundo para pagamento de indenizações a vítimas. Além disso, os influenciadores serão obrigados a nomear representantes legais na União Europeia (seção 9 – I) (França, 2023, s/p).

O Conselho de Ministros da Espanha aprovou, em 2024, um decreto para regular a atividade dos influenciadores no âmbito da lei do Audiovisual de 2022 (Espanha, 2022, s/p), que considera influenciadores aqueles que declaram rendimentos superiores a 300 mil euros provenientes de produção digital. O decreto estabelece também que o influenciador deve possuir mais de um milhão de seguidores em plataformas de vídeos e dois milhões no total, com no mínimo 24 vídeos publicados ao ano. Além disso, há a obrigatoriedade de cadastro no prazo de dois meses em um Cadastro Estadual de Fornecedores Audiovisuais. A lei também trouxe algumas restrições publicitárias, como a proibição da divulgação de marcas em determinadas atividades, como jogos de azar, tabaco e álcool fora dos horários permitidos em outros canais de televisão e rádio, entre 1 h e 5h. (Marcante, 2024, s/p).

Em Portugal, os influenciadores estão sujeitos ao Código de Publicidade, pois não há legislação específica para essa atividade. A Direção-Geral do Consumidor, enquanto autoridade nacional de defesa do consumidor em Portugal (Portugal, s/d, s/p), publicou um "Guia informativo sobre as regras e boas práticas na comunicação comercial no meio digital" e Boas práticas na Comunicação comercial no Meio Digital" (Portugal, s/d, s/p).

A legislação portuguesa exige a identificação da publicidade de forma clara e inequívoca. O artigo 60º da Constituição da República Portuguesa (Portugal, s/d, s/p) e o artigo 8.º do Código de Publicidade Português (Portugal, 1990, s/p) também proíbem publicidade oculta, enganosa e indireta. A identificação da publicidade deve ser feita desde o início da publicação (NMP, s/d, s/p).

Conclusão

Apesar da democratização do acesso à informação trazida pelos influenciadores digitais, os riscos de desinformação, publicidade enganosa e práticas prejudiciais à saúde pública estão presentes, o que faz surgir a necessidade de regulamentação para essa atividade.

O estudo identificou que os países estão gradativamente regulamentando a atividade dos influenciadores tendo em vista os riscos da atividade.

O Brasil possui diversos projetos de lei para regulamentar a atividade dos influenciadores digitais, e até o momento os Tribunais utilizam as normas do Código de Defesa do consumidor para a responsabilização dos influenciadores.

Os Estados Unidos, fiscaliza as atividades ligadas a saúde e a publicidade através dos órgãos de vigilância sanitária, de publicidade e concorrência bem como as associações dos profissionais de saúde.

A França foi o primeiro país da União Europeia a criar uma lei exclusiva que regulamenta a atividade dos influenciadores digitais.

O diálogo entre países e a adaptação de boas práticas globais podem contribuir para uma regulação mais eficaz e inclusiva, assegurando o bem-estar e a segurança dos consumidores e usuários de plataformas digitais em um mundo cada vez mais hiperconectado.

Referências

BRASIL. Ministério da Saúde. Biblioteca Virtual de Saúde. Resolução RDC n.º 96 de 17 de dezembro de 2008. da Agência Nacional de Vigilância Sanitária (ANVISA). Disponível em: https://bvsms.saude.gov.br/bvs/saudelegis/anvisa/2008/rdc0096_17_12_2008.html#:~:text=Disp%C3%B5e%20sobre%20a%20propaganda%2C%20publicidade,ou%20promo%C3%A7%C3%A3o%20comercial%20de%20medicamentos.&text=e%20Informa%C3%A7%C3%A3o%20de-,Medicamentos%3B,Presidente%2C%20determino%20a%20sua%20publica%C3%A7%C3%A3o. Acesso em: 05/01/2025

BRASIL. Câmara dos Deputados. PL 1282/2022. Disponível em: https://www.camara.leg.br/proposicoesWeb/fichadetramitacao/?idProposicao=2323549#:~:text=PL%201282%2F2022%20Inteiro%20teor,Projeto%20de%20Lei&text=Disp%C3%B5e%20sobre%20a%20regulamenta%C3%A7%C3%A3o%20da%20profiss%C3%A3o%20de%20influenciador%20digital.&text=Regulamenta%C3%A7%C3%A3o%20profissional%2C%20Influenciador%20digital%2C%20cria%C3%A7%C3%A3o,M%C3%ADdia%20social%2C%20atribui%C3%A7%C3%A3o%2C%20deveres.. Acesso em: 07/01/2025

BRASIL. Câmara dos Deputados. PL 2259/2022. Disponível em: https://www.camara.leg.br/proposicoesWeb/fichadetramitacao?idProposicao=2333956#:~:text=PL%202259%2F2022%20Inteiro%20teor,Projeto%20de%20Lei&text=Estabelece%20regras%20para%20o%20exerc%C3%ADcio%20da%20atividade%20de%20influenciador%20digital%20mirim.&text=Norma%20geral%2C%20exerc%C3%ADcio%20profissional%2C%20influenciador,apresenta%C3%A7%C3%A3o%2C%20conte%C3%BAdo%20digital%2C%20requisito.. Acesso em: 07/01/2025

BRASIL. Câmara dos Deputados. PL 2347/2022. Disponível em: https://www.camara.leg.br/proposicoesWeb/fichadetramitacao?idProposicao=2334286#:~:text=PL%202347%2F2022%20Inteiro%20teor,Projeto%20de%20Lei&text=Disp%C3%B5e%20sobre%20a%20regulamenta%C3%A7%C3%A3o%20da,digital%20profissional%20no%20%C3%A2mbito%20Federal. Acesso em: 07/01/2025

BRASIL. Câmara dos Deputados. PL 3689/2024. Disponível em: https://www.camara.leg.br/proposicoesWeb/fichadetramitacao?idProposicao=2459132#:~:text=PL%203689%2F2024%20Inteiro%20teor,Projeto%20de%20Lei&text=Disp%C3%B5e%20sobre%20a%20atividade%20de%20influenciador%20digital.&text=Diretrizes%2C%20atividade%20profissional%2C%20influenciador%20digital,de%20azar%2C%20descumprimento%2C%20penalidade. Acesso em: 07/01/2025

BRASIL. Câmara dos Deputados. PL 4.302/2023. Disponível em: https://www.camara.leg.br/proposicoesWeb/prop_mostrarintegra?codteor=2327742&filename=Avulso%20PL%204302/2023#:~:text=Este%20projeto%20de%20lei%20visa,de%20forma%20transparente%20e%20respons%C3%A1vel. Acesso em: 07/01/2025

BRASIL. Câmara dos Deputados. PL 4933/2023. Disponível em: https://www.camara.leg.br/proposicoesWeb/fichadetramitacao?idProposicao=2395231#:~:text=PL%204933%2F2023%20Inteiro%20teor,Projeto%20de%20Lei&text=Disp%C3%B5e%20sobre%20a%20contrata%C3%A7%C3%A3o%20de,publicidade%20relativo%20a%20ativos%20virtuais.&text=Disciplinamento%2C%20contrata%C3%A7%C3%A3o%2C%20Influenciador%20digital%2C,an%C3%BAncio%20publicit%C3%A1rio%2C%20propaganda%2C%20criptoativos.. Acesso em: 07/01/2025

BRASIL. Código de Defesa do Consumidor, lei n.º 8.078/1990. Disponível em: https://www.planalto.gov.br/ccivil_03/leis/l8078compilado.htm. Acesso em: 05/01/2025

BRASIL. CONAR. Código Brasileiro de Autorregulamentação Publicitária. 1980. Disponível em: chrome-extension://efaidnbmnnnibpcajpcglclefindmkaj/https://www.migalhas.com.br/arquivos/2014/1/art20140120-01.pdf. Acesso em: 05/01/2025

BRASIL. CONAR. Guia de publicidade por influenciadores digitais. 2021. Disponível em: chrome-extension://efaidnbmnnnibpcajpcglclefindmkaj/http://conar.org.br/pdf/CONAR_Guia-de-Publicidade-Influenciadores_2021-03-11.pdf. Acesso em: 07/01/2025

BRASIL. Constituição da República Federativa do Brasil de 1988. Disponível em: https://www.planalto.gov.br/ccivil_03/constituicao/constituicao.htm. Acesso em: 02/01/2025.

CASTRO. Marta Rocha. Influencers e informações sobre saúde pelas redes sociais uma revisão sistêmica. Logeion: Filosofia da Informação, Rio de Janeiro, v. 11, ed. Especial, p. 1-8, e-7363, nov. 2024. DOI: https://doi.org/10.21728/logeion.2024v11e-7363. Disponível em: https://revista.ibict.br/fiinf/article/view/7363/6979. Acesso em: 05/01/2025

CFM. Conselho Federal de Medicina. Código de ética médica. Resolução n.º 1.931/2009. Disponível em: chrome-extension://efaidnbmnnnibpcajpcglclefindmkaj/https://portal.cfm.org.br/images/stories/biblioteca/codigo%20de%20etica%20medica.pdf. Acesso em: 05/01/2025

CFM. Conselho Federal de Medicina. Resolução CFM n.º 2.336/2023. Disponível em: chrome-extension://efaidnbmnnnibpcajpcglclefindmkaj/https://sistemas.cfm.org.br/normas/arquivos/resolucoes/BR/2023/2336_2023.pdf. Acesso em: 05/01/2025

Dizikes. Peter. *Study: On Twitter, false News travels faster than true stories*. MIT News Office. Publicado em 08/03/2018. Disponível em: https://news.mit.edu/2018/study-twitter-false-news-travels-faster-true-stories-0308Acesso em: 11/12/2024

EUROPEAN UNION. Conselho da União Europeia n.º 9301/24. Conclusões do Conselho sobre o apoio aos influenciadores enquanto criadores de conteúdo em linhas. Disponível em: chrome-extension://efaidnbmnnnibpcajpcglclefindmkaj/https://data.consilium.europa.eu/doc/document/ST-9301-2024-INIT/pt/pdf. Acesso em: 06/01/2025

ESPANHA. *Ley 13/2022 de 7 de julio, General de Comunicación Audivisual*. Disponível em: https://www.boe.es/buscar/act.php?id=BOE-A-2022-11311. Acesso em: 07/01/2025

EUA. U.S. *FOOD& DRUG ADMINISTRATION*. Disponível em: https://www.fda.gov/health-professionals. Acesso em: 07/01/2025

EUA. U.S *Departament of Health and Human Services. HIPAA*. Disponível em: https://www.hhs.gov/hipaa/index.html. Acesso em: 07/01/2025

Fake News geram mais engajamento no Facebook que mídia tradicional. Agência Brasil. 26/05/2017. Disponível em: https://agenciabrasil.ebc.com.br/geral/noticia/2019-05/fake-news-geram-mais-engajamento-no-facebook-que-midia-tradicional. Acesso em: 11/12/2024.

FORTUNA. Gerardo. Deve a UE regulamentar os influenciadores de saúde em ascensão. Artigo publicado no site Euro News em 25/09/2024. Disponível em: https://pt.euronews.com/saude/2024/09/25/deve-a-ue-regulamentar-os-influenciadores-de-saude-em-ascensao. Acesso em: 06/01/2025

FRANÇA. *Loi nº 2023-451*, de 9 de junho de 2023, que visa regular a influência comercial e combater os excessos dos influenciadores nas redes sociais. Disponível em: https://www.legifrance.gouv.fr/jorf/id/JORFTEXT000047663185. Acesso em: 06/01/2024.

Funcionários da FTC lembram influenciadores e marcas a divulgar claramente o relacionamento. Comissão pretende melhorar divulgação em endossos de mídia social. FTC. 19/04/2017. Disponível em: https://www.ftc.gov/news-events/news/press-releases/2017/04/ftc-staff-reminds-influencers-brands-clearly-disclose-relationship. Acesso em: 06/01/2025

HOFSETH. Anders. *Fake News, propaganda, and influence operation – aguide to journalism in a new, and more chaotic media enviroment. OXFORD. REUTERS INSTITUTE* Publicado em 14/03/2017. Disponível em: https://reutersinstitute.politics.ox.ac.uk/news/fake-news-propaganda-and-influence-operations-guide-journalism-new-and-more-chaotic-media. Acesso em: 11/12/2024

Influenciadora indenizará seguidora por propaganda enganosa. TJSP. Publicado em 31/01/2024. Disponível em: https://www.tjsp.jus.br/Noticias/Noticia?codigoNoticia=96153. Acesso em: 20/01/2025

KAMIDA. Gabriele Yuri. Et al. Fake News e desinformação: como a disseminação de conteúdo por influencers pode prejudicar a saúde pública. Revista Anagrama: Revista Científica Interdisciplinas da Graduação. Ano 15, volume 2. Julho-dezembro de 2021. Disponível em: https://www.revistas.usp.br/anagrama/article/view/1-17/178448. Acesso em: 05/01/2025

KANCHAN. Sushim. *Social Media Role and Its Impact on Public Health: A Narrativa Review. Epidemiology and Public Health. Jawaharlal Nehru Medical College Data Meghe Institute of Medicam Sciences, Wardha, IND.* 2023 15(1):e33737 pg 01-10. 13/01/2023. Disponível em: https://pmc.ncbi.nlm.nih.gov/articles/PMC9925030/. Acesso em: 07/01/2025

MARCANTE. Isadora. Espanha aprova primeiro regulamento de publicidade para influenciadores digitais. Artigo de notícia publicado no site SBC notícias em 14 de março de 2024. Disponível em: https://sbcnoticias.com/br/espanha-lei-influenciadores-publicidade/. Acesso em: 07/01/2025.

MITRE. Bernardo Araujo et al. Nos EUA, FTC faz alerta aos influenciadores digitais e anunciantes. Migalhas. Disponível em: https://www.migalhas.com.br/depeso/262682/nos-eua--ftc-faz-alerta-aos-influenciadores-digitais-e-anunciantes Acesso em: 05/01/2025

PORTUGAL. Direção-geral do consumidor. Guia para influenciadores digitais e anunciantes. Disponível em: https://www.consumidor.gov.pt/publicacoes/publicacoes e https://www.consumidor.gov.pt/. Acesso em: 07/01/2025.

PORTUGAL. República Portuguesa. Direção-Geral do Consumidor fiscaliza publicidade de influenciadores nas redes sociais. Disponível em: https://www.sgeconomia.gov.pt/noticias/direcao-geral-do-consumidor-fiscaliza-publicidade-de-influenciadores-nas-redes-sociais.aspx. Acesso em: 05/01/2025

PORTUGAL. Constituição da República Portuguesa. Lei n.º 28/2003. Disponível em: chrome-extension://efaidnbmnnnibpcajpcglclefindmkaj/https://www.parlamento.pt/arquivodocumentacao/documents/crpviirevisao.pdf Acesso em: 07/01/2025

PORTUGAL. Código de Publicidade Português. Decreto-lei n.º 330/90 de 23 de outubro. Disponível em: https://diariodarepublica.pt/dr/detalhe/decreto-lei/330-1990-565417. Acesso em: 07/01/2025

Regras e leis do marketing de influência – guia de boas práticas digitais. NMP. Disponível em: https://nmp.pt/notas/marketing-influencia-regras-leis/#:~:text=A%20legisla%C3%A7%C3%A3o%20portuguesa%20exige%20que,publicidade%20oculta%2C%20indireta%20ou%20enganosa.. Acesso em: 07/01/2025

Relatório Avaliação de Riscos de Desinformação: O Mercado de Notícias Online no Brasil. GDI. 2021. Disponível em: chrome-extension://efaidnbmnnnibpcajpcglclefindmkaj/https://itsrio.org/wp-content/uploads/2021/09/2021-09-14-Brazil-PORTUGUESE-Disinformation-Risk-Assessment-Report-Online-1.pdf. Acesso em: 11/12/2024

Spread of disinformation the biggest concern for internet and social media users globally finds new Oxford study. OXFORD. Publicado em 15/12/2020. Disponível em: https://www.oii.ox.ac.uk/news-events/spread-of-disinformation-the-biggest-concern-for-internet-and-social-media-users-globally-finds-new-oxford-study/. Acesso em: 11/12/2024.

SUN, *Ye et al. Health e-mavens: identifying active online health information users. Health Expectations*. University of Utah. Salt Lake City, UT, USA. 19. Pg, 1071-1083. 27 july 2015. Disponível em: https://pubmed.ncbi.nlm.nih.gov/26296041/. Acesso em: 05/01/2025

HEALTH DATA MANAGEMENT IN THE DIGITAL AGE: THE CONNECTION BETWEEN THE EUROPEAN AND BRAZILIAN MODELS

Kleber Leandro de Oliveira [1]*

Introduction

Digital health is one of the main challenges of the 21st century. The World Health Organization (WHO) defines digital health as "the use of digital technologies to improve the health and well-being of people" (WHO, 2019).

Health data management has become one of the fundamental pillars for the modernization of healthcare systems worldwide. In the context of the digital age, the secure, efficient, and ethical handling of such information not only improves the quality of care but also fosters innovation and scientific research. Models such as the European Health Data Space (EHDS) and the Brazilian Digital Health Strategy 2020–2028 (ESD 28) exemplify distinct and complementary

[1] * **Kleber Leandro de Oliveira**:
-Graduated in Medicine from the University of Ribeirão Preto (2012).
-Specialization in General Surgery at Dr. Mario Gatti Municipal Hospital (2015) and in Digestive System Surgery at Guilherme Alvaro State Hospital (2017). Postgraduate Lato Sensu in Bariatric and Metabolic Surgery at the German Hospital Oswaldo Cruz (2018).
-MBA in Management, Innovation, and Health Services at the Pontifical Catholic University of Rio Grande do Sul (2021). Specialist in General Surgery, Digestive System Surgery and Bariatric Surgery by the Regional Medical Council of the State of São Paulo - Brazil. Specialist in Laparoscopic Surgery by SOBRACIL.
-Currently pursuing a Postgraduate Stricto Sensu in Health Law at Santa Cecília University (UNISANTA).

approaches to facing the challenges of digital transformation in the healthcare sector.

Objective

This chapter explores the connection between these two paradigms, analyzing how both integrate technology, governance, and ethics to optimize health data management. The discussion emphasizes points of convergence, such as concerns regarding data protection and interoperability, as well as the particularities of each model, reflecting the structural and cultural differences of their respective realities. The aim is to understand how European and Brazilian experiences can engage in dialogue and contribute to building global solutions to contemporary challenges in digital health.

The European Health Data Space (EHDS)

The digital age, catalyzed by the COVID-19 crisis, has revolutionized health data management. In response to emergent needs, the European Union (EU) accelerated the development of the European Health Data Space (EHDS), an innovative model that has the potential to transform healthcare delivery, boost innovation, and strengthen international cooperation, establishing itself as a global reference in health data governance.

The public health crisis brought about by the COVID-19 pandemic led to a rapid expansion in the use of digital technologies, although there are still significant challenges that hinder the full utilization and potential improvements these technologies can bring.

The European Health Data Space is an innovative initiative that emerges from this context and seeks to create a regulatory framework for health data sharing across the European Union. The EHDS proposal involves the establishment of clear guidelines, harmonized standards and practices, infrastructures, and a governance framework for the use of digital health data, aiming to improve healthcare delivery, research, innovation, and public policy.

Public health in Europe faces complex challenges. Growing concerns demand a sustainable and effective health policy for the future of the EU, as highlighted in the European Health Union Manifesto. In this context, the EU launched the 2020 European Data Strategy, identifying nine European "data spaces." The European Health Data Space is the first to emerge from this strategy.

In May 2022, the European Commission (EC) proposed the Regulation on the EHDS, establishing rules, infrastructures, and governance instruments to promote the primary and secondary use of electronic health data. The EHDS aims to enhance cross-border healthcare, foster research and innovation, strengthen responses to public health crises, and increase the EU's competitiveness.

In April 2024, the European Parliament approved legislation to establish the EHDS with 445 votes in favor, 142 against, and 39 abstentions. The EC plans to implement the regulation by 2025, depending on approval and engagement from multiple sectors.

However, this technological advancement raises significant ethical concerns, particularly with regard to privacy, security, and the responsible use of citizens' data. Issues such as informed consent, protection against misuse, and respect for patient autonomy are fundamental to ensuring that ethical principles are preserved. Additionally, inequalities in access to digital technologies and the necessary infrastructure to integrate and utilize data may exacerbate disparities within the healthcare system, demanding a careful approach that balances innovation with social justice. The ethical debate surrounding the EHDS is therefore crucial to ensuring that the system's benefits are not realized at the expense of individuals' rights and dignity.

The project aims to overcome complex barriers that limit digital health by harmonizing standards, ensuring interoperability, and protecting sensitive data. In doing so, digital health will become more efficient, secure, and accessible.

The EHDS has two key objectives:

- Primary Use of Data: Easy and free access to electronic health data for patients, enabling them to share it with healthcare professionals across the EU. It seeks to ensure that all EU citizens have full control over their health data.
- Secondary Use of Data: Facilitate access to and reuse of data to improve healthcare, research, and public policy. This refers to the use of such data beyond direct medical care, such as: Scientific research and the development of new treatments, evaluation and improvement of healthcare services, public health policy formulation, planning and management of health resources, development of health technologies, medical education and professional training. Such applications should enable access to larger and more diverse datasets, allowing for a better understanding of rare or extreme events.

Patient health data stored in electronic records systems generally includes information such as prescriptions, vital signs to be monitored, medical diagnoses, immunization history, past medical conditions, laboratory test results, and clinical notes made by healthcare professionals. In more advanced systems, features may also include medical imaging tests such as X-rays and other diagnostic results.

With regard to primary data use, the work of healthcare professionals will become more streamlined and efficient. Improved interoperability will allow professionals to access a patient's medical history and electronic health records not only at the national level but also across borders, increasing the availability of information for clinical decision-making. This is of fundamental importance in modern medical practice. By enabling data exchange between healthcare providers, both within a country and across borders, unnecessary tests and procedures can be avoided. This benefits patients—who are spared redundant interventions—and also reduces healthcare system costs.

The legislation ensures that individuals can actively participate in decisions on how their personal information is used and disclosed to third parties.

As for secondary data use, scientists and researchers will benefit from more direct and accessible pathways to discover and utilize available data. Additionally, regulatory authorities and policymakers will also gain simpler, faster access to health data, facilitating the creation of more effective public health policies and enhancing the functioning of healthcare systems through reliable, verifiable information. The industry, in turn, will benefit from a unified European market for electronic health record systems with standardized specifications and protocols.

Secondary data use will not be authorized for commercial purposes, including advertising, insurance underwriting, credit scoring, or employment-related decisions. The decision to authorize access will be the responsibility of designated national entities that manage the data and assess each request based on established criteria.

EU Member States will be free to adopt even stricter rules to govern access to highly sensitive information categories—such as genetic data—when used for scientific research. These rules may include additional restrictions beyond those set forth in the regulation. This provision was incorporated into the regulation as a direct result of consensus achieved during negotiations between the European Council and the European Parliament, reinforcing the importance of stronger protection for such data.

The broader availability of electronic health data thus promises to improve public health by facilitating the development of innovative medicines and medical devices and enabling more effective, personalized care.

The provisions of the regulation will significantly impact a domain that already operates under stringent regulations. Accordingly, the document clarifies that the standards established by this regulation do not override existing European or national legislation that plays a critical role in healthcare data regulation. These include the General Data Protection Regulation (GDPR), the Data Governance Act, the Data Act, and the Directive on Security of Network and Information Systems (NIS Directive).

The regulation also introduces the option for Member States to implement a so-called "right to opt out." This right allows patients to prevent access to their health information both by professionals using data for primary care and by entities authorized to use it for secondary purposes. However, in the case of secondary use, exercising this right is subject to certain conditions. Patients' choices must be reversible, ensuring they retain the freedom to modify their decisions in the future if they so wish.

The handling and processing of data must occur exclusively within highly secure environments that comply with stringent privacy and cybersecurity standards. These environments must be designed to ensure the complete integrity and confidentiality of the data, guaranteeing that personal information is never transferred outside of these controlled systems.

It is also necessary to assess the level of preparedness of the countries for implementing the project. It is widely acknowledged that EU Member States are at different stages of digital maturity—some have made significant progress in terms of digitization and interoperability, while others still lack even basic infrastructure.

The Regulation of the European Parliament and Council on the EHDS (2024) reports that between May and July 2021, a public consultation was conducted, and the Commission received a total of 382 valid responses. Respondents expressed strong support for EU-level action to accelerate health research (89%), promote individuals' control over their own health data (88%), and facilitate cross-border healthcare provision (83%). There was also broad support for the promotion of access to and sharing of health data through a digital infrastructure (72%) or an EU-level infrastructure (69%). A majority of respondents also believed that individuals should be able to transfer data collected through mobile health or telemedicine into electronic health record (EHR) systems (77%). An EU-wide certification system to promote interoperability received 52% support. In the domain of secondary use of health data, most respondents stated that an EU body could facilitate access to such data for secondary purposes (87%). The mandatory use of technical standards and requirements was supported by 67% of respondents.

The implementation of the EHDS is expected to generate significant economic impact, with estimated savings of €5.5 billion across the EU over a ten-year period from primary use of the system. Additionally, a further €5.4 billion in savings is projected from secondary use of data within the same period.

The European Union has been steadily building a strong European Health Union. The European Health Data Space is expected to become one of the foundational pillars of this project and currently represents the most comprehensive legal initiative in health data in EU history. It is expected that the proposal will bring about transformative changes in the healthcare domain, though it also poses considerable challenges that must be anticipated and addressed proactively.

In practice, the EHDS will shape how healthcare delivery, research, and innovation are conducted throughout the EU. Its impact will be profoundly transformative, bringing about significant and lasting changes in European healthcare and substantially improving citizens' lives. The project is expected to enhance the ability of Member States to respond more efficiently and swiftly to public health crises and future pandemics.

The EU has 27 Member States and a population of approximately 448 million people, representing a substantial potential for generating high-quality health data that could be used to improve public health—not only within the bloc but globally. Implementation will proceed at uneven paces, depending on each country's national infrastructure, thereby revealing unique challenges and opportunities. It is crucial to avoid further exacerbating existing digital inequalities in Europe—a particularly pressing issue for vulnerable populations who may lack the digital skills or resources to participate fully and benefit from the program.

It is worth noting that achieving consensus on semantics and data governance procedures among diverse stakeholders is undoubtedly a monumental challenge. This is a complex task that requires collaboration across sectors, each with its own priorities and perspectives. Overcoming this barrier is not only a technical matter but also one of building trust and mutual understanding, something that will require coordinated and sustained efforts to ensure all parties move forward together toward a solution.

The EHDS demands the creation of a robust digital infrastructure. This not only involves an extensive network of advanced technologies but also entails considerable technical complexity and substantial financial investment. Building this infrastructure requires coordinated effort and a significant commitment—in terms of both resources and time—to ensure that all system components operate efficiently and securely, meeting the growing demands of an increasing digital world.

There are many serious concerns, including weak public support, which hinders the implementation and facilitation of essential initiatives. Additionally, the high cost of data becomes a substantial obstacle to accessibility and widespread use. The lack of effective legal harmonization creates a confusing and fragmented environment, undermining the integration and fluid use of information. A shortage of skills and inadequate training in data management compromises the ability of professionals and organizations to meet the demands of this new reality.

Public trust will only truly be achieved and solidified when the general population clearly and deeply understands the immense potential of the data outlined in the EHDS. This includes understanding the rationale behind secondary use, such as public health surveillance, which aims at the continuous improvement of sanitary conditions and disease prevention.

To ensure that the policies adopted achieve the expected results—and to provide a solid basis for future adjustments and revisions—it is essential to establish a continuous process of monitoring and detailed evaluation of the implementation of these policies. Such oversight is critical for identifying failures, areas for improvement, and best practices, thereby ensuring long-term effectiveness. The most effective way to conduct this monitoring is through regular and transparent reports provided by digital health authorities and specialized bodies responsible for managing and accessing health data. These institutions have both the expertise and the responsibility to closely track the implementation of such policies and ensure compliance.

It is crucial that European organizations, along with the governments of Member States, appropriately address the most sensitive aspects related to the implementation of the European Health Data Space. This effort requires a thorough and comprehensive analysis of the potential risks involved, as well as the development and application of effective strategies that guarantee the security and privacy of shared health information. Such actions are vital to fostering citizen trust in this innovative system and ensuring its full functionality.

Brazilian Context in Health Data Processing

In alignment with European planning, the need for greater efficiency, integration, and equitable access to healthcare services became even more evident in Brazil during the COVID-19 pandemic. The crisis highlighted the importance of digitalization for epidemiological monitoring, telemedicine, and resource management.

Brazil has developed significant initiatives aimed at the digitalization of health data. The most prominent of these is the Digital Health Strategy for Brazil 2020–2028 (ESD 28), which seeks to promote digital transformation within the Unified Health System (SUS). This strategy is structured around three main pillars:

1. Actions by the Ministry of Health for the SUS: This pillar regulates and values the Conecte SUS Program and its initiatives as essential to achieving a comprehensive digital health vision.

2. Definition of Guidelines for Collaboration and Innovation in Digital Health: This pillar emphasizes the need to expand and consolidate governance and organizational resources that support a cohesive digital health strategy.

3. Establishment of an Innovation Ecosystem: This pillar aims to foster new ideas and technological solutions aligned with the needs of the SUS.

One of the key initiatives under ESD 28 is the National Health Data Network, which facilitates the exchange of information among healthcare facilities across the care network. The National Health Data Network aims to securely and efficiently connect health data, enabling access to health information, increased transparency, documentation of care, and improved service delivery.

Ethical and legal integration in ESD 28 is essential to ensure that advances in digital health respect citizens' rights, promote social justice, and strengthen Brazil's healthcare system. Ethical and legal concerns are also highly relevant in the Brazilian framework. The ethical pillars of ESD 28 are based on the following principles:

1. Patient Autonomy: Respecting individual autonomy as a fundamental ethical principle. In ESD 28, this translates to ensuring that citizens have the right to consent to or deny the use of their health data, as well as access, correct, or delete such information.

2. Data Confidentiality: Essential for protecting the trust relationship between patients and healthcare institutions. ESD 28 prioritizes the

use of technologies that ensure security and privacy, such as encryption and robust authentication mechanisms.

3. Beneficence and Non-Maleficence: The initiatives must maximize benefits for citizens and minimize risks of data misuse, ensuring that digital innovation advances without compromising patient rights.

4. Equity and Justice: The strategy aims to reduce inequalities in access to digital health services by promoting inclusive solutions that meet the needs of vulnerable populations.

5. Transparency: Citizens must be clearly informed about how their data is being used, the specifications involved, and the expected benefits, thereby fostering an ethical and trustworthy relationship.

Furthermore, ESD 28 is guided by Brazil's General Data Protection Law (LGPD), which regulates the use of sensitive personal data, including health data. This includes requirements for explicit consent for data processing, the right to access, rectify, and delete information, and the restriction of data use to specific, legitimate purposes.

The ethical and legal challenges of Brazil's digital health planning are even more specific than those in the European plan. Due to Brazil's cultural and economic diversity, there is a particular concern with digital inclusion—ensuring that citizens have equal access to the benefits of digitalization—and with safeguarding the rights to health and the founding principles of the SUS for those who lack access to digital technologies.

These initiatives demonstrate Brazil's commitment to advancing health data digitalization, promoting interoperability and innovation in the sector, with the ultimate goal of improving the quality of healthcare services provided to the population.

The Connection Between the European and Brazilian Models

Both national and European plans were accelerated by the demands and necessities brought about by the COVID-19 pandemic. They share the common objective of strengthening healthcare delivery and enhancing the strategic use of health data for planning and research. Across both frameworks, the concern with regulatory harmonization and the resolution of ethical and legal issues related to health data processing is clearly evident.

The Brazilian plan is notably distinguished by its emphasis on the country's broad sociocultural diversity and the commitment to ensuring equality and equity in the provision of services within the framework of the Unified Health System (SUS).

Another key difference between the two plans lies in the scope of data interoperability: while the European model seeks data sharing across multiple nations, the Brazilian model focuses on the comprehensiveness of the SUS and the integration of data across components of Brazil's national healthcare network.

Both systems aim to ensure the safe and effective use of health data. The European Health Data Space (EHDS) and the Digital Health Strategy for Brazil 2020–2028 (ESD 28) reflect the commitment of public authorities to modernizing healthcare systems in response to digital transformation. These initiatives demonstrate the shared goal of integrating advanced technologies into health management and care, promoting greater efficiency, access, and innovation.

References

European Commission. (2020). Action Plan for the European Health Data Space.
European Commission. (2022). Proposal for Regulation on the European Health Data Space.

European Health Union Manifesto.

European Parliament. (2024). Legislation on the European Health Data Space.

Ministry of Health (Brazil). (2020). Digital Health Strategy for Brazil 2020–2028.

World Health Organization. (2019). Digital Health Report.

ANÁLISE COMPARATIVA DO ACESSO AOS DADOS DE SAÚDE DO PACIENTE NO BRASIL E NOS ESTADOS UNIDOS DA AMÉRICA

Graziela Nóbrega da Silva [1]*

Introdução

A tecnologia na área de saúde passou a ser utilizada na sociedade atual por laboratórios, médicos e instituições de saúde que fazem o uso de ferramentas online para agendamentos e informações sobre resultados e preparo de exames.

Apesar de ser cada vez mais comum essa utilização de tecnologia na área de saúde, existe uma preocupação acerca do acesso a esses dados, no tocante à privacidade dos dados sensíveis e à universalização desse acesso, sendo evidente a existência de desafios éticos e legais acerca do tema.

É importante analisar como deverá ser realizada a utilização segura desses dados, considerando a autonomia do paciente e questões relacionadas a inteligência artificial.

---

[1] * **Graziela Nóbrega da Silva**:
-Graduada em Direito pelas Faculdades Metropolitanas Unidas. Pós-Graduada em Civil e Processo, Administrativo e Constitucional e MBA em Política e gestão governamental pela Escola Paulista de Direito.
-Mestranda em Direito à Saúde na Universidade Santa Cecília (UNISANTA).
-Advogada, Coordenadora no Queiroz Advogados, com ênfase em Direito Público. Membro da Comissão de Direito Constitucional da OAB/SP.
-E-mail: grazielanobregas@gmail.com .
-Currículo Lattes: https://lattes.cnpq.br/8421335231099291. ORCID: https://orcid.org/0009-0009-8705-6333.

Por outro lado, tem-se a questão relacionada a economia na informatização de dados, e suas possíveis melhoras na prestação de serviços e desenvolvimento de políticas públicas mais efetivas.

O artigo realiza uma análise comparativa dos aspectos legais e institucionais que delimitam e regulamentam o acesso a dados de saúde do paciente no Brasil e nos Estado Unidos da América (EUA), e verifica as práticas relacionadas ao acesso e uso dos dados dos pacientes nestes países que apresentam características semelhantes e distintas, situação comum decorrente da própria diferença entre as estruturas jurídicas nos sistemas de saúde.

No Brasil, o debate é amplo e influenciado pela Lei de Acesso à Informação e Lei Geral de Proteção de Dados (LGPD). Em relação à regulamentação da inteligência artificial, projetos de lei estão em discussão sobre o tema, mas ainda não houve nenhuma aprovação. Nos EUA, a regulamentação é realizada através da Health Insurance Portability and Accountability Act (HIPAA).

Foi adotada como metodologia de pesquisa, a qualitativa e comparativa, pautada em uma análise bibliográfica e documental dos marcos legais e regulatórios que orientam o acesso a dados de saúde.

O estudo teve como objetivo principal a análise da evolução dos sistemas brasileiro e americano, sendo possível observar o desenrolar de atos e normas existentes para proporcionar uma maior digitalização e troca de informações dentro do sistema de saúde. No Brasil, o acesso de dados é centralizado e regulamentado em função do caráter universal e público do Sistema Único de Saúde (SUS) e se observa o Plano de Dados de Saúde, Rede Nacional de Dados em Saúde e Registro Eletrônico de Saúde. Nos EUA o acesso é descentralizado, tendo em vista o sistema de saúde predominantemente privado com ênfase na proteção individual da Lei de Portabilidade e Responsabilidade de Seguros de

Saúde (*HIPAA - Health Insurance Portability and Accountability Act*), porém enfrenta desigualdades no acesso em razão da fragmentação do sistema.

A hipótese do estudo é que as diferenças nos sistemas de saúde e as estruturas jurídicas de ambos os países influenciam no acesso de dados do paciente e na garantia de acesso à saúde, esbarrando em questões relevantes como a relação entre os avanços tecnológicos significativos, como a Inteligência Artificial (IA, *Big Data*) e a necessidade de iniciativas governamentais para cuidar desses dados sensíveis, no tratamento, no aspecto da coleta e no respeito ao sigilo e privacidade, já que, infelizmente, tais informações podem ser mercantilizadas.

Aspecto relevante também se descortina quanto à garantia de universalização de acesso à saúde, prevista constitucionalmente, pois urgente uma revolução tecnológica, principalmente no Brasil, para que não existam gargalos virtuais nos quais as pessoas não tenham acesso à internet ou aos dados de seu prontuário, seja por questões regionais ou etárias que acabam gerando uma exclusão.

Ponderam-se então, os benefícios da digitalização da saúde, como redução de custos e melhoria da qualidade do cuidado, contudo, existem os riscos de vazamentos de dados e exclusão digital, seja por falta de conectividade (baixa infraestrutura tecnológica e desigualdades regionais), seja por falta de qualificação e capacitação ou até mesmo uma questão etária.

1. Modelo de Coleta e Gestão de Dados Relacionados aos Prontuários dos Pacientes no Brasil

O acesso à saúde, é previsto na Constituição da República Federativa, e consiste em um direito social e fundamental do ser humano sendo dever do

Estado propiciar as melhores formas de acesso para promoção, proteção e recuperação.

O conjunto de normas atuais proporciona reconhecimento da relevância de tal direito, trazendo detalhes de como o Estado deve atuar e qual a estrutura do sistema único de saúde. Resta evidente que, na atualidade, o Brasil reconhece a saúde como um direito digno de atenção e seriedade e que, para sua efetivação, é indispensável uma reflexão acerca do conteúdo e das formas capazes de garantir o melhor atendimento (Aith, 2017, p.116-117).

A interconectividade na área da saúde pode ser encontrada na utilização de tecnologias mais avançadas, e sua evolução ocorreu a partir da democratização do uso da internet e do maior acesso à informação de saúde. A pandemia do coronavírus, iniciada em 2020, também teve relevante papel nessa nova estruturação de integração tecnológica, pois impulsionou de diversas formas a evolução digital, diante do aumento da demanda, dificuldades de acesso presencial, aumento de telemedicina, aceleração de investimentos, entre outros fatores.

A pandemia girou o enfoque mundial para a área da saúde, momento no qual foi possível verificar as fragilidades e deficiências que existiam nos sistemas de saúde, em todo o mundo.

Almeida (2020, p. 11) reflete que o impacto gerado pela COVID-19 deu grande destaque a saúde como um elemento primordial, de valor irreparável e universal, sendo capaz de modificar o panorama em que se vivia, transformando o direito a saúde, de acordo com aquele momento e carreando novas práticas e formas de lidar com questões de saúde, por todo o planeta.

O contexto de compartilhamento de dados de saúde se intensifica durante uma pandemia, que demanda atualizações diárias de informações epidemiológicas para o controle e a tomada de decisões por parte de governos e sistemas de saúde. A pandemia da COVID-19 evidenciou a relevância e a eficácia das estratégias de saúde digital, possibilitando a integração dessas soluções nos sistemas de saúde a longo prazo (Donida, 2021, p.4).

Vitorio (2020, p.32-34) reflete que à época da pandemia da COVID-19 houve uma união de forças que modificou intensamente o cenário do sistema público de saúde, trazendo inovações antes impensadas, mas que se revelaram extremamente eficazes para aquela época, como uma ode à vida, como exemplo, cita a telemedicina, publicização de vagas hospitalares entre outras. Destaca ainda o armazenamento em nuvens de teste de diagnóstico e laudo, aumento da produtividade com a entrega mais rápida de resultados e acesso imediato dos pacientes aos resultados.

Esse novo cenário de inovação possibilita consultas remotas e troca de informações clínicas em tempo real, trazendo o potencial de reduzir custos, melhorar o acesso aos serviços e colocar o paciente no centro de um ecossistema de saúde mais integrado e eficiente.

Essa integração de comunicação em tempo real entre sistemas e dispositivos permite que dados de saúde sejam coletados e armazenados, promovendo mais eficiência e precisão além de contribuir para a personalização no cuidado do paciente, porém implica no cuidado da proteção de dados que são genuinamente sensíveis e pode, de alguma forma, gerar alguma discussão sobre a autonomia dos pacientes.

O custo relacionado aos serviços de saúde é invariavelmente alto e gera uma preocupação generalizada relacionada à redução de custos para sustentação no mercado. A informatização de dados pode se apresentar como uma solução de economia de tempo e recursos, mas esbarra em alguns aspectos.

Nascimento (2023, p.20) destaca que, mundialmente, as seis principais preocupações conhecidas acerca da maior transparência na área da saúde, são as seguintes: qualidade do atendimento, experiência do paciente, transparência de custos, governança, privacidade dos dados e comunicação, análise de dados além de mitigação de fraudes.

A questão relacionada à privacidade dos dados está enumerada entre tais aspectos, assim como a questão da autonomia do paciente que deve sempre ser respeitada, de acordo com o princípio da dignidade humana previsto constitucionalmente.

Romano (2024, p. 110) analisando a questão de autonomia privada e pública recorda a necessidade de existir um equilíbrio entre os interesses pessoais e individuais de cada ser humano e o consenso da comunidade.

Um ponto a ser observado ainda, ao se tratar de acesso aos dados de saúde aliado a hiperconectividade atual, consiste na verificação da universalização desse acesso à internet. Importante frisar que a Constituição Federal prevê, em seu artigo 196 (Brasil, 1988), a saúde como direito de todos e o acesso deve ser universal e igualitário, contudo, é sabido que, principalmente, em países em desenvolvimento, como o Brasil, existe um fator de desigualdade econômico e social que pode criar até uma lacuna digital.

Nesse sentido, pode se tornar preocupante o fato que os dados de saúde estejam em integração tecnológica com a internet das coisas, se existem pessoas que ainda não possuem acesso à internet ou por alguma condição específica desconhecem o acesso a tais dados, como é o caso de pessoas idosas ou que vivem em locais remotos, sem acesso à conexão de qualidade.

Torna-se relevante então refletir o acesso à internet e à informação de dados como um meio de inclusão e democratização, pois não é possível aceitar exclusão digital ao se tratar da área da saúde, já que existe o direito de informação do paciente, bem como sua autonomia, já anteriormente mencionada.

Ferreira (2022, p. 88) destaca que, em certo momento, alguns direitos fundamentais previstos constitucionalmente se efetivarão apenas com o acesso à internet e não uma promoção instrumental apenas, mas sim de inclusão e participação social, sendo relevante trazer à baila uma discussão acerca desse acesso ter ou se deveria ter *status* de direito fundamental no Brasil, elencado em uma dupla dimensão da parte de quem presta ou exige (Estado) e de quem se conecta (cidadão).

Realmente, o que se observa na atualidade é que muitas vezes a efetivação do direito à saúde (direito fundamental) depende do acesso à internet para agendamento de consultas e exames, retirada de resultados e exames, informações acerca de procedimentos e de prontuário, entre tantos outros.

Nessa seara, a digitalização e informatização de dados é relevante e se impõem inclusive como forma de avaliar eficiência de políticas públicas e da própria satisfação ou não dos usuários do sistema, a depender da eficácia dos procedimentos adotados, a partir dos quais, inclusive, pode se alterar uma política ou mudar o rumo adotado inicialmente.

Assim sendo, ao se avaliar a eficácia das condições de saúde, não se poderia apenas se ater, por exemplo, aos índices de morbimortalidade, mas também deve ser avaliado o grau de bem-estar da população, bem como o modo pelo qual a sociedade assegura a proteção e evolui nos aspectos que asseguram tais condições, como a democracia e a equidade. Isso justifica a necessidade de intervenções significativas que exijam a inclusão de indicadores relacionados à exclusão, equidade e à participação de usuários, populações e comunidades nas decisões que impactam suas vidas (Tavares *et al.*, 2015, p. 326).

Feito esse breve introito acerca dos dados de saúde, importa analisar o desenrolar de tal tema no Brasil, a fim de compreender em quais condições essa conexão e integração de dados de saúde ocorre.

Ao se traçar um panorama de datas para melhor compreensão, é possível verificar que em agosto de 2024, o Hospital Israelita Albert Einstein lança a plataforma *HStory* que combina inteligência artificial e *Big Data* no atendimento dos pacientes e gera um relatório analítico dos dados coletados.

O Hospital utiliza mais de 120 algoritmos de inteligência artificial em diferentes áreas, otimizando o cuidado assistencial, identificando riscos e aprimorando a eficiência operacional. Esses algoritmos são constantemente monitorados e ajustados para garantir a qualidade dos dados e a segurança do paciente. Iniciativas como o projeto *HStory* e parcerias com startups e indústrias demonstram o uso estratégico da Inteligência Artificial promovendo diagnósticos precisos, produtividade e inovação. A maturidade alcançada pelo hospital na governança de IA resulta de anos de desenvolvimento, com foco em bancos de dados robustos e conformidade com a Lei Geral de Proteção de Dados, possibilitando avanços para o setor público no futuro (Consecti, 2025).

Na mesma senda, o Conselho Federal de Medicina (CFM) lançou em setembro de 2024, a plataforma Atesta CFM, vai emitir, validar e chancelar atestados médicos no Brasil, visando combater fraudes e irregularidades. A ferramenta oferece benefícios aos médicos, trabalhadores e empresas, integrando diferentes bancos de dados. Regulamentada pela Resolução CFM nº 2.382/2024 (CFM, 2024, s/p), a plataforma permite maior praticidade e segurança, com funcionalidades como prontuário digital, assinatura eletrônica e rastreabilidade dos documentos. A plataforma além de reduzir os custos e aumentar a eficiência no gerenciamento de atestados, reforçará a proteção do ato médico e organiza o ecossistema de trabalho com agilidade e inovação (CFM, 2024, s/p).

A informatização de sados de saúde e aplicação de inteligência artificial, traz diversos benefícios, como a utilização de dispositivos vestíveis (wearables), relógios inteligentes que monitoram os sinais vitais dos pacientes e enviam essas informações para plataformas conectadas a hospitais ou profissionais de saúde,

Os prontuários eletrônicos integrados, também são um exemplo da informatização na área de saúde, e facilita com que médicos de diversas especialidades consigam acessar o histórico do paciente.

Com a informatização do acesso de dados dos pacientes, é prudente verificar a legislação aplicável, sendo imperativo a existência de um amplo arcabouço jurídico para proteger e regulamentar esses dados.

Isso porque, a transformação tecnológica vivida recentemente e intensificada após a pandemia do COVID-19 transmutou os dados em elemento de alto valor comercial, pois a utilização destes engloba a seara tanto pública como privada e resulta no desenvolvimento de novas tecnologias para transformação dessas informações para que organizações possam avaliar o mercado, os concorrentes e o público em geral (Vitorino, 2023, p. 370).

Os dados sensíveis possuem alto valor de mercado após o tratamento que recebem e a inteligência artificial pode, com facilidade, gerar informações correlacionadas, resultados diversos, desenvolvimento de algoritmos e *insights* aptos a orientar diversos tipos de decisões empresariais.

Com essa preocupação, a Organização Mundial de Saúde publicou relatório global e princípios orientadores sobre inteligência artificial na saúde, destacando o enorme potencial existente para melhorar a saúde de pessoas em todo o mundo, com a observação de que se a tecnologia for mal utilizada pode causar danos. Sendo definido como objetivo, uma inteligência artificial responsiva e sustentável, com respeito à autonomia humana, promoção de bem-estar, segurança humana e interesse público e garantia de transparência, de inclusão e equidade (ONU, 2021, s/p).

No Brasil, a Constituição Federal, em seu artigo 196 (Brasil, 1988), prevê o acesso à saúde de forma universal e igualitário a todas ações e serviços. O artigo 197 declara as ações de saúde de relevância pública, destacando que o Poder Público dispõe sobre sua regulamentação, fiscalização e controle, sendo que a execução pode ser feita de forma direta ou por terceiros, pessoa física ou jurídica de direito privado.

Nessa seara, é possível observar que, a Constituição Federal permite aos particulares o exercício de serviços e ações relacionados à saúde (saúde suplementar), como previsto pelo artigo 199 (Brasil, 1988) que dispõe sobre a iniciativa privada na saúde, porém o controle da atividade privada será estatal, no caso regulamentado pela Agência Nacional de Saúde Suplementar (ANS).

Fabretti (2017, p.423) destaca que a Constituição criou uma situação dupla. A saúde, enquanto prevista constitucionalmente, alça o campo de direito social. Ao ser explorada pela livre iniciativa vira um bem de consumo de mercado, estabelecendo-se uma relação de fornecimento e consumo, sujeita ao direito do consumidor. É nessa faceta que existe a judicialização de muitos casos relacionados à saúde, por conta de desentendimentos entre os consumidores e os prestadores de saúde suplementar, sendo que o Estado, através do Poder Judiciário, é acionado para solucionar tais demandas.

Outro dispositivo relevante previsto na Constituição Federal é o §2º do artigo 216 (Brasil, 1988), prevê que é de competência da administração pública, na forma da lei, a gestão da documentação governamental e suas providências para franquear consultas a quantos dela necessitarem, o que envolvem também as informações e dados da saúde.

Salutar trazer menção à definição prevista na Resolução n.º 1638/2002 do Conselho Federal de Medicina (CFM, 2002) acerca dos prontuários médicos, como aqueles documentos constituídos de informações e dados registrados sobre a situação do paciente e a forma de atendimento que foi prestado. Na mesma resolução, está previsto que as instituições de saúde devem garantir supervisão permanente dos prontuários sob sua guarda, visando manter a qualidade e preservação das informações neles contidas.

A Portaria Gabinete do Ministro/Ministério da Saúde nº. 2073/2011 (BVS, Ministério de Saúde, 2011) instituiu o uso de padrões de informação em saúde e de interoperabilidade para os sistemas privados e de saúde suplementar e entre os sistemas de informação do SUS, nos níveis Municipal, Distrital, Estadual e Federal.

Em semelhante toada, a Lei nº 12.527/2011 (Lei de Acesso à Informação) (Brasil, 2011) garante o acesso a informações públicas, mas prevê restrições para dados pessoais. Regulamenta o inciso XXXIII do artigo 5º (direito de todos de receber informações do Estado), o inciso II do §3º do artigo 37 (a lei disciplinará o acesso dos usuários a informações sobre registros e atos de governo) e o artigo §2º do artigo 216 (gestão e formas de conceder o acesso).

A Lei de Acesso à Informação destina uma seção apenas para tratar das informações pessoais (seção V), destacando o acesso restrito, prevendo a possibilidade de responsabilização em caso de uso indevido e o estrito cumprimento à intimidade, vida privada, honra e imagem das pessoas, bem como às liberdades e garantias individuais.

A Lei Geral de Proteção de Dados - LGPD (Lei 13709, de 14 de agosto de 2018) (Brasil, 2018) destaca o tratamento de dados pessoais com o intuito de garantir a liberdade e privacidade, enfatiza a relevância do consentimento e da transparência, através de métodos eficazes de coleta de dados e armazenamento e relaciona as responsabilidades e penalidades, em caso de descumprimento.

Um aspecto relevante trazido pela LGPD é a conceituação de dados pessoais, como aqueles que, de alguma forma, permitem a identificação de um indivíduo e de dados pessoais sensíveis que são aqueles que definem a opinião política, convicção religiosa, origem racial ou étnica, filiação a sindicato ou a organização de caráter religioso, filosófico ou político, dado referente à vida sexual ou à saúde, dado genético ou biométrico, de uma pessoa natural. Diante da relevância de dados pessoais sensíveis que, a legislação convoca uma maior proteção no tratamento desses dados, conforme previsto no artigo 11 da norma citada e ainda, do *compliance* como postura ativa das empresas e forma de boas práticas e implementação de governança (artigo 50).

Ao se mencionar o setor de saúde, Saavedra (2023, p. 318) frisa o alto impacto e conexão com a LGPD, pois os dados referentes à saúde dos usuários, invariavelmente, são compartilhados por consultórios, clínicas, hospitais, operadoras/seguradoras de plano de saúde, laboratórios, farmácias e ainda, fabricantes, distribuidores e representantes comerciais de produtos hospitalares, o que aumenta a exigência de gestão de *compliance.*

Portanto, o compartilhamento de dados na área de saúde é algo sensível e a forma como o mercado está estruturado pode ocasionar o vazamento e violação desses dados, sendo de extrema relevância a aplicação da LGDP no cuidado com essas informações, tanto em armazenamento, quanto em compartilhamento.

A Lei 13787, de 27 de dezembro de 2018 (Brasil, 2018), regulamenta a utilização de sistemas informatizados para a guarda, armazenamento e manuseio do prontuário do paciente e prevê em seu artigo 4º que os meios de armazenamento devem proteger o acesso, o uso, a alteração, a reprodução e destruição não autorizados.

A preocupação evidente na proteção legal se justifica pelo fato de dados sensíveis, tais como prontuários médicos, informações genéticas, dados biométricos dos pacientes, entre outros serem capazes de conduzir a situações vexatórias ou até de exploração comercial, através da venda desses dados ou de produtos correlacionados.

O governo brasileiro desde 2009, realiza ações voltadas para o desenvolvimento de política de disseminação de dados e informações governamentais para o livre uso pela sociedade. (Brasil, s/d, s/p).

Essas ações governamentais estão ligadas a um crescente movimento global de democratização do acesso a dados e informações no paradigma de dados abertos (Brasil, s/d, s/p).

O Ministério da Saúde, por sua vez, utiliza o PDA (Plano de Dados de Saúde) como um instrumento norteador das ações de implementação e promoção de abertura de dados, inclusive geoespecializados. O objetivo do PDA consiste em garantir maior transparência, como forma de acesso democrático e maior participação social, com respeito aos dados que devem ser protegidos, e foi instituído pelo Decreto nº 8.777/2016 (Brasil, 2016), que estabelece a Política de Dados Abertos do Executivo Federal.

Na mesma perspectiva, a Rede Nacional de Dados em Saúde (RNDS) abastece o SUS Digital, e consiste na plataforma nacional de interoperabilidade em saúde. Foi instituída pela Portaria Gabinete do Ministro/Ministério da Saúde 1434/2020 (Brasil, Ministério da Saúde, 2020), é um programa do Governo Federal voltado para a transformação digital da saúde no Brasil, com foco no compartilhamento de informações. É relevante mencionar que essa rede conecta todos os atores e dados em saúde do país, estabelecendo um conceito de Plataforma Nacional de Inovação, Informação e Serviços Digitais de Saúde (Brasil, s/d, s/p).

Nesse panorama de transformação digital de acesso a dados de saúde, está o Meu SUS Digital (antigo Conecte SUS), que centraliza as informações como forma de solução de saúde digital. O usuário acompanha histórico clínico, os dados de vacinação, resultados de exames, medicações, posição na fila de transplante, entre outros serviços a fim de efetivar a informatização da atenção à saúde por meio da inovação e transformação digital.

O Hospital Israelita Albert Einstein desenvolveu um projeto de *Big Data* e Inovação para o Ministério da Saúde no âmbito do Programa de Apoio ao Desenvolvimento Institucional do Sistema único de Saúde (PROADI-SUS) que incluiu ações com universidades federais, como a Universidades Federais do Maranhão e do Vale do São Francisco. Um destaque foi o estudo "Ferramenta digital de apoio ao ACS para busca ativa de Doenças Negligenciadas", que transferiu tecnologia do setor privado para o público, fomentando a capacitação de profissionais de saúde e promovendo inovação nas universidades por meio da metodologia *Design Thinking* (Brasil, s/d, s/p).

Esse cenário de mudanças profundas para a saúde digital, impulsionado pela pandemia do COVID-19, está em franca expansão dada a dimensão atual, sendo que o Ministério da Saúde concluiu repasse de R$ 232 milhões em recursos da 1ª etapa do SUS Digital a 5.567 municípios, 26 estados e Distrito Federal para estimular a transformação digital no SUS. (Brasil, 2024, s/p).

Inserido nesse contexto, não se pode olvidar menção ao Registro Eletrônico de Saúde (RES) que consiste basicamente no prontuário médico na versão eletrônica, com o intuito de aprimorar o acesso e a qualidade dos serviços, através de gerenciamento de demandas e agendamentos. Os padrões para tal registro estão regulamentados na Portaria nº. 2073, de 2011 (BVS, Ministério de Saúde, 2011).

Araújo (2014, p. 564). alude a relevância dos padrões para emissão dos prontuários eletrônicos pois possibilita a troca de informações e acesso aos dados de prontuários dos mais diversos atendimentos recebidos pelo paciente, independente de qual estabelecimento esteve, público ou privado, garantindo assim uma boa interoperabilidade dos dados.

Revela mencionar, o projeto de lei nº. 2338 de 2023 (Brasil, Senado Federal, s/d, s/p), cujo objeto consiste na regulamentação da inteligência artificial, ainda em trâmite no Congresso Nacional e que traz como alguns princípios, em seu artigo 3º, o crescimento inclusivo, o desenvolvimento sustentável, a liberdade de escolha, a não discriminação, a equidade, entre outros.

São elementos de grande relevância ao se tratar do uso da inteligência artificial em dados de acesso da saúde, devendo ser respeitados os direitos e garantias individuais previstos constitucionalmente, como uma forma de garantir a segurança individual do cidadão.

Segundo Barroso (2024, p. 510) a segurança individual ou pessoal é uma forma de proteção contra o Estado do que se exigem ações e omissões, se for o caso. Tratando-se de uma proteção contra qualquer arbitrariedade na vida do indivíduo ou em seus direitos, podendo se relacionar a vida, integridade física, patrimônio e privacidade entre outros.

Uma alternativa de proteção para solucionar a questão de dados sensíveis seria a anonimização (remoção ou modificação de informações capazes de identificar o sujeito) ou a pseudonimização de dados (casos em que é necessário adicionar uma informação mantida em separado para que haja a reidentificação), conforme previsto no inciso III do artigo 5º da LGPD (Brasil, 2018) que define o dado anonimizado, sendo aquele relativo a titular que não possa ser identificado, considerando a utilização de meios técnicos razoáveis e disponíveis na ocasião de seu tratamento.

Após a análise da questão relacionada aos dados de saúde no Brasil, fica evidente a complexidade do tema e os desafios que ainda serão enfrentados pelo sistema de saúde do país, incluindo a área pública e privada. A informatização dos dados e o uso da inteligência artificial somados a questões sempre problemáticas do país como dificuldades de acesso, diferenças regionais e necessidade de políticas públicas mais efetivas geram um cenário de muitas preocupações.

Ao compreender a situação acima delineada, é possível então estabelecer uma comparação e analisar como os Estados Unidos enfrentam tais desafios, como uma oportunidade de compreensão de uma abordagem diferente, capaz de gerar uma reflexão sobre os parâmetros adotados por cada uma das nações.

2. Modelo de Coleta e Gestão de Dados Relacionados aos Prontuários dos Pacientes nos EUA

No caso dos dados de saúde nos Estados Unidos, é importante compreender algumas peculiaridades do sistema que envolvem basicamente uma intensa inovação tecnológica somada a altos investimentos, combinados com alguns desafios estruturais.

Ao contrário do Brasil, no qual o sistema de saúde é majoritariamente público, apesar da permissão para exploração da iniciativa privada, conforme previsto no artigo 197 da Constituição Federal (Brasil, 1988), nos Estados Unidos, existe uma enorme participação do setor privado, o que reflete algumas diferenças.

Reis (2020, p. 29) explica que a cultura das regras nos Estados Unidos traz informações claras e objetivas e os cidadãos compreendem seus direitos e deveres, ressaltando que, em regra, os nortes americanos aderem a planos de saúde, sendo considerada como uma necessidade colocada pelo Estado. Nesse sistema, não existe uma judicialização de casos como no Brasil relacionada à medicamentos e insumos, sendo que nos Estados Unidos seria mais direcionada a casos relacionados com responsabilidade civil.

Nos Estados Unidos, existe uma vasta rede de provedores de saúde e sistemas de tecnologia de informação.

Friedman *et. al* (2001, p. 132) explica que os sistemas dito interativos foram desenvolvidos no plano internacional, nacional, estadual e de condado, e nos EUA por agências governamentais e corporações privadas. Os primeiros exemplos foram os sistemas interativos baseados em um computador pessoal ou aplicativos cliente-servidor operando por meio de conexões de modem a um servidor central.

Ao analisar a legislação, se verifica em 1996, a Lei de Portabilidade e Responsabilidade de Seguros de Saúde (*HIPAA - Health Insurance Portability and Accountability Act*), que estabelece a proteção e a privacidade dos dados de saúde, permitindo que os pacientes tenham acesso aos seus registros médicos.

Em 2009, a Lei de Tecnologia da Informação em Saúde para Saúde Econômica e Clínica (*HITECH - Health Information Technology for Economic and Clinical Health Act*) incentiva o uso de registros eletrônicos de saúde (EHR) e aprimora a segurança dos dados.

Em 2016, o Ato do Século 21 *(21st Century Cures Act*) promoveu a interoperabilidade e proíbe o bloqueio de informações para garantir o compartilhamento eficiente de dados entre sistemas. À época de sua aprovação/entrada em vigor, o ato gerou calorosas discussões, Castro (2015, s/p) destacou que alguns aspectos deveriam ser discutidos, pois em nome da flexibilidade e celeridade poderia se atingir uma estrutura jurídica já existente e que levou anos para se sedimentar acerca das tecnologias em saúde.

Importa ainda destacar os *HIES (Health Information Exchanges)* são redes que permitem o compartilhamento seguro de dados da saúde e ainda, o *OMH (Office Of the National Coordinador for Health Information Tecnology)* que é uma agência do Departamento de Saúde e Serviços Humanos dos Estados Unidos responsável por coordenar e implementar a saúde eletrônica no país.

O *HIES* permite que pacientes e profissionais de saúde acessem e compartilhem de forma eletrônica as informações médicas, com segurança. Diversos cenários de prestação de cuidados de saúde incentivam a tecnologia por trás de diferentes formas de trocas de informações de saúde atuais (EUA, s/d, s/p).

A grande questão central nos Estados Unidos é a existência da fragmentação do sistema, que acaba impedindo uma boa interoperabilidade de dados, apesar de algumas iniciativas, como o incentivo entre provedores de saúde, estimulado pelo Ato do Século 21, com o objetivo de acelerar o desenvolvimento e inovações e, o *Trusted Exchange Framework and Common Agreement*, que consiste numa iniciativa do governo para promover a troca segura de informações eletrônicas de saúde.

As empresas privadas de tecnologia de saúde dos Estados Unidos que lideram essa tentativa de integrar os dados de saúde parar gerar padronização e melhor compartilhamento de informações.

Nas palavras de Friedman *et. al* (2001, p. 132) é importante que os novos sistemas reflitam as necessidades e especificidades das comunidades dos usuários finais, respeitando as características e ainda que, incluam mecanismos de constante monitoração, com feedbacks e recursos para que os usuários possam enviar sugestões sobre os sistemas.

Nos Estados Unidos, há ainda a utilização de *blockchain* para proporcionar o armazenamento seguro e gerenciamento de acesso, garantindo a integridade dos dados e o controle do usuário.

Murugan *et. al* (2020, p. 422) destaca que nos *Health Information Exchanges* baseados em *blockchain*, a propriedade dos dados é do paciente e não de uma figura central que controla e distribui essas informações. A privacidade e a confidencialidade são garantidas de forma mais efetiva, pois o acesso é restringido às entidades de saúde limitadas.

Essa questão da privacidade dos dados assume uma relevância cada vez maior, principalmente, em razão de ataques cibernéticos que se tornaram extremamente comuns e colocam em riscos informações pessoais e sensíveis, tornando obrigatório um novo olhar sobre a proteção desses elementos.

Em outubro de 2021, o Sistema de Saúde da Flórida sofreu um ciberataque e foi invadido, os dados sensíveis pessoais e financeiros de 1,3 milhão de pessoas foram expostos. De acordo com um boletim feito pela operadora de saúde junto ao Gabinete do Procurador-Geral do *Maine* foram expostos dados como os números de identidade, histórico médico de pacientes e dados bancários. (Brasil, 2022, s/p).

Em 2023, dados de saúde foram roubados no *software MOVEit* da gigante de tecnologia *International Business Machines Corporation* (IBM) utilizado para transferência de arquivos de dados, expondo mais de 4 milhões de pacientes. O Departamento de Serviços Sociais (DSS) relatou que os dados acessados poderiam incluir nome, data de nascimento, número do Seguro Social do cliente do departamento, status de elegibilidade ou cobertura de benefícios e informações de solicitações médicas. (Brasil, 2023, s/p).

Em 2024, a operadora de saúde americana *Kaiser* Permanente anunciou um incidente de segurança de dados, na qual estima-se que tenha vazado informações de 13,4 milhões de associados e pacientes, atuais e antigos, e os dados enviados para rastreadores de terceiros instalados em aplicativos móveis e em seus sites. Os dados incluíam endereço de IP, nomes, informações que o paciente estava conectado a um sistema e termos de busca. É considerada a maior violação de dados de saúde e não é a primeira vez que a empresa enfrenta um incidente de segurança. (Brasil, 2024, s/p).

A situação atual da saúde nos EUA é tão grave que, em dezembro de 2024, Brian Thompson, presidente da unidade de seguro de saúde da *UnitedHealth*, foi morto a tiros em Nova York. O assassinato do executivo trouxe foco para o ressentimento da sociedade americana em relação às empresas de planos de saúde, que busca ser mais bem atendida pelo setor.

Mishra (Brasil, 2024, s/p) destaca que dados recentes dos Estados Unidos demonstram um número maior de pedidos de reembolso negados, pagamento por consultas médicas e custos inesperados que não estão na cobertura dos planos, o que demonstra diversas falhas no sistema de saúde, com usuários insatisfeitos.

Ao concluir este capítulo sobre os dados da saúde nos Estados Unidos, é evidente que o sistema de saúde americano, com suas particularidades e desafios, apresenta tanto avanços significativos quanto lacunas que impactam a população de maneiras diversas.

Assim, importante trazer um breve comparativo com o sistema de saúde brasileiro para compreender que apesar das diferenças estruturais, locais e culturais, existem dificuldades semelhantes e os avanços devem ser compartilhados.

3. Comparação entre o Sistema de Dados de Saúde Brasileiro e Americano

Através de uma análise comparativa entre os sistemas de dados de saúde brasileiro e americano, conclui-se que ainda existem questões a serem tratadas e discutidas.

Apesar dos sistemas de saúde de cada um desses países serem diferentes, pois no Brasil o sistema é predominantemente público, atuando o privado apenas de forma complementar, como previsto na Constituição Federal e, nos Estados Unidos a saúde se operar sob um modelo misto, com uma significativa participação do setor privado, algumas características se assemelham.

Em um curto período, houve uma evolução gigantesca, graças a pandemia do Covid-19, transformação digital, democratização de acesso, entre outros, mas desafios persistem ainda quanto a padronização e organização de dados de saúde que dificultam o acesso efetivo à tal direito social.

Esses dois países têm envidado esforços em relação à digitalização de dados de saúde, sendo nos Estados Unidos, os registros eletrônicos de saúdes (EHRs) têm facilitado o acesso e troca de informações entre os usuários, profissionais e instituições relacionadas à saúde. A informação se torna mais precisa e rápida, o que diminui a possibilidade de erros médicos.

No Brasil, apesar dos avanços significativos em relação à digitalização de dados, como a criação da Rede Nacional de Dados de Saúde, existem algumas dificuldades operacionais em relação a troca de dados e uniformidade de informações que podem comprometer a eficiência almejada.

É necessária uma melhora quanto ao fluxo desses dados para um sistema mais eficaz. Outras questões latentes no país seria a melhora na infraestrutura de *internet* a o acesso desigual por conta de diferenças regionais, etárias etc., sendo necessário investimento em conectividade e capacitação para reduzir as desigualdades de acesso.

Em verdade, é possível observar que, nos dois países ainda existe uma dificuldade relacionada a interoperabilidade de dados de saúde, por conta de uma fragmentação de sistemas que partilha dados entre público e privado e, em alguns casos, a ausência de padronização. Questões relacionadas ainda à transparência, segurança de informação e engajamento dos cidadãos (inclusão digital) são desafios constantemente enfrentados pelos países.

A legislação de ambos os países busca encontrar caminhos para regulamentar as questões sobre a informatização, compartilhamento e tratamento desses dados, prevendo penalidades e sanções em caso de descumprimento, principalmente, diante dos casos de ciberataques recentes e do quanto esses dados podem ser valiosos na atualidade.

É indispensável que haja esforços contínuos em ambos os países, na busca por maior segurança de dados, capacitação e informação para que todos tenham acesso, colaboração entre os países

Conclusão

Diante do exposto, é possível verificar que a informatização e utilização de tecnologia na área de saúde são questões delicadas, pois utilizam dados de usuários do sistema. Essa questão se torna mais evidente, considerando esses dados são monetizados na atualidade. No entanto, é fundamental que se tenha uma visão de que a gestão da saúde não pode ser voltada para o lucro, diante dos diversos impactos sociais que poderiam ser causados.

É evidente que a hiperconectividade e a inteligência artificial são realidades atuais aplicáveis a todas as esferas da vida humana, incluindo o sistema de saúde, contudo, não se pode permitir ações atentatórias a direitos sedimentados e garantidos constitucionalmente, pois isso geraria uma insegurança no mundo jurídico e digital.

Importa destacar a possibilidade de um equilíbrio entre os serviços de saúde e o desenvolvimento social, que estão intrinsicamente conectados, porém, os limites devem ser respeitados para que não haja exacerbação capaz de atingir um direito ou garantia individual.

Conforme exposto, verificou-se como benefícios da digitalização dos dados de saúde: acesso ampliado aos serviços de saúde (diagnósticos mais rápidos e precisos), redução de custos (diminuição de exames desnecessários e eficiência operacional), qualidade de informação e monitoramento e avaliação (desenvolvimento e avaliação de políticas públicas).

Os desafios encontrados são a fragmentação dos sistemas de saúde, a falta de infraestrutura, a capacitação para lidar com essa nova realidade, a desigualdade regional e etária, e a privacidade e segurança de dados (ciberataques).

Em conclusão, o que se deve almejar é o equilíbrio entre a inovação, pois é impossível impedir os avanços tecnológicos e, ao mesmo tempo, a proteção e privacidade desses dados. O futuro dos sistemas de saúde, para que obtenha maior eficácia na prestação de serviços, depende da conjugação e perfeita harmonização entre avanços tecnológicos e privacidade dos dados, sendo indispensável o acesso de qualidade para todos, através de um processo de inclusão digital.

O foco no componente humano da equação permite que exista a evolução tecnológica que traz inúmeros benefícios e vantagens, contudo, deve existir regulamentação e ponderação pelos órgãos responsáveis para que a sociedade não se perca nesse emaranhado de evolução e artificialidade, esquecendo que existem seres humanos na ponta dessa relação.

Bibliografia

AITH, Fernando Mussa Abujamra. Efetivação do Direito à Saúde em seus múltiplos caminhos. Novas institucionalidades para a solução dos conflitos em saúde. *In:* BUCCI, Maria Paula Dallari (coord.). Judicialização da Saúde: a visão do poder executivo. São Paulo: Saraiva: 2017.

ALMEIDA, Veronica Scriptore F. Um panorama do direito da saúde na perspectiva do direito comparado. Nova York: Lawinter Editions, 2020.

ARAÚJO, Tiago Veloso; PIRES, Silvio Ricardo; Paiva, Paulo Bandeira. Adoção de padrões para Registro Eletrônico em Saúde no Brasil. Revista Eletrônica De Comunicação, Informação & Inovação Em Saúde. 8(4): p. 554-566. 19/12/2014.

Disponível em: https://www.reciis.icict.fiocruz.br/index.php/reciis/article/view/440. Acesso em 19.01.2025.

BARROSO, Luís Roberto. Curso de Direito Constitucional Contemporâneo: Os conceitos fundamentais e a construção do novo modelo. 12ª ed. São Paulo: SaraivaJur, 2024.

BRASIL. Constituição da República Federativa do Brasil de 1988. Disponível em: https://www.planalto.gov.br/ccivil_03/constituicao/constituicao.htm. Acesso em: 22/01/2025

BRASIL. DATASUS. Ministério da Saúde. Ministério da Saúde conclui repasse de R$ 232 milhões em recursos da 1ª etapa do SUS Digital. Disponível em: https://datasus.saude.gov.br/ministerio-da-saude-conclui-repasse-de-r-232-milhoes-em-recursos-da-1a-etapa-do-sus-digital. Acesso em: 23/10/2024.

BRASIL. Lei n.º 8.777, de 11 de maio de 2016. Disponível em: https://www.planalto.gov.br/ccivil_03/_ato2015-2018/2016/decreto/d8777.htm. Acesso em: 22/01/2025.

BRASIL. Lei n.º 12.527, de 18 de novembro de 2011. Disponível em: https://www.planalto.gov.br/ccivil_03/_ato2011-2014/2011/lei/l12527.htm. Acesso em: 22/01/2025

BRASIL. Lei n. º13.709, de 14 de agosto de 2018. Disponível em: https://www.planalto.gov.br/ccivil_03/_ato2015-2018/2018/lei/l13709.htm. Acesso em: 22/01/2025

BRASIL. Lei n.º 13.787, de 27 de dezembro de 2018. Disponível em: https://www.planalto.gov.br/ccivil_03/_ato2015-2018/2018/lei/l13787.htm. Acesso em: 22/01/2025.

BRASIL. Ministério da Saúde. Plano de dados abertos (PDA) do Ministério da Saúde. Disponível em: https://www.gov.br/saude/pt-br/acesso-a-informacao/dados-abertos. Acesso em: 23/10/2024.

BRASIL. Ministério da Saúde. Portaria n.º 1.434, de 28 de maio de 2020. Disponível em: https://www.in.gov.br/en/web/dou/-/portaria-n-1.434-de-28-de-maio-de-2020-259143327. Acesso em: 22/01/2025

BRASIL. Ministério da Saúde. Rede nacional dos dados em saúde Disponível em: https://www.gov.br/saude/pt-br/composicao/seidigi/rnds. Acesso em: 23/10/2024.

BRASIL. Senado Federal. Projeto de Lei n.º 2338, de 2023. Disponível em: https://www25.senado.leg.br/web/atividade/materias/-/materia/157233#:~:text=Projeto%20de%20Lei%20n%C2%B0%202338%2C%20de%202023&text=Ementa%3A%20Disp%C3%B5e%20sobre%20o%20uso%20da%20Intelig%C3%AAncia%20Artificial.&text=Disp%C

3%B5e%20sobre%20o%20uso%20da%20Intelig%C3%AAncia%20Artificial.,-Local%3A%20Plen%C3%A1rio%20do&text=Emenda%205%20ao%20PL%20n%C2%BA,II%20e%20VI%20do%20art.. Acesso em: 23/01/2025.

BVSMS. Biblioteca Virtual em Saúde. Ministério da Saúde. Portaria n.º 2.073 de 31 de dezembro de 2011. Disponível em: https://bvsms.saude.gov.br/bvs/saudelegis/gm/2011/prt2073_31_08_2011.html. Acesso em: 23/01/2025

CASTRO, Claudia Gracia Serpa Osorio; Caetano, Rosângela; PEPE, Vera Lúcia Edais. *The 21st Century Cures Act: can the regulatory framework survive the "cures"?.* Disponível em: *https://www.scielo.br/j/csp/a/ZPsJXKvPFYTB5vgzycrXkLj/?format=html&lang=en*. Acesso em: 20/01/2025.

CEO da UnitedHealth reconhece que sistema de saúde dos EUA tem falhas. Cable News Network (CNN). 13/12/2024. Disponível em https://www.cnnbrasil.com.br/internacional/ceo-da-unitedhealth-reconhece-que-sistema-de-saude-dos-eua-tem-falhas. Acesso em 22.01.2025

CFM. Conselho Federal de Medicina. CFM lança plataforma online para combater a emissão de atestados médicos falsos no Brasil. Disponível em: https://portal.cfm.org.br/noticias/cfm-lanca-plataforma-online-para-combater-a-emissao-de-atestados-medicos-falso-no-brasil. Acesso em: 16/01/2025.

CFM. Conselho Federal de Medicina. Resolução n.º 1.638/2002. Disponível em: chrome-extension://efaidnbmnnnibpcajpcglclefindmkaj/https://sistemas.cfm.org.br/normas/arquivos/resolucoes/BR/2002/1638_2002.pdf. Acesso em: 23/01/2025

CFM. Conselho Federal de Medicina. Resolução CFM n.º 2.382/2024. Disponível em: https://sistemas.cfm.org.br/normas/visualizar/resolucoes/BR/2024/2382. Acesso em: 16/01/2025.

Dados de saúde roubados nos EUA após hack ao MOVEit na IBM. CisoAdvisor. 15/08/2023. Disponível em: https://www.cisoadvisor.com.br/dados-de-saude-roubados-nos-eua-apos-hack-ao-moveit-usado-na-ibm/ Acesso em: 23/10/2024

Donida Bruna; COSTA, Cristiano André; Scherer Juliana Nichterwitz. *Making the COVID-19 Pandemic a Driver for Digital Health: Brazilian Strategies. JMIR Public Health Surveill:* 6ª ed. Vol 7. No 6. 29/06/2021. Disponível em: https://pmc.ncbi.nlm.nih.gov/articles/PMC8244723. Acesso em 19/01/2025.

EUA. Assistant Secretary for Technology Policy/Office of the National Coordinator for Health IT. Health Information Exchange. 2024. Disponível em: https://www.healthit.gov/topic/health-it-and-health-information-exchange-basics/health-information-exchange. Acesso em 21/01/2025.

FABRETTI, Fernanda Massad de Aguiar A judicialização da saúde suplementar. *In:* BUCCI, Maria Paula Dallari (coord.). Judicialização da Saúde: a visão do poder executivo. São Paulo: Saraiva: 2017.

FERREIRA, Rafael Fonseca; SARAIVA, Bruno Cozza. Acesso à internet, democracia e direitos fundamentais no Brasil. In: AVANCI, Thiago Felipe S. (org.). O futuro do direito o que esperar do direito e das tecnologias. Estudo em homenagem ao professor Angelo Viglianisi Ferraro. Londrina: Thoth, 2022.

Friedman Daniel J.; Anderka Marlene; Krieger, James; LAND, Garland; SOLET, David. Accessing population health information through interactive systems: lessons learned and future directions. *Washington St. Boston. EUA.* V. 116. P. 132-147. *March-april 2001.*Disponível em: https://pubmed.ncbi.nlm.nih.gov/11847299. Acesso em 23/10/2024.

Hospital Albert Einstein: algoritmos, IA e inovação salvam vidas. CONSECTI. Conselho Nacional de Secretários para Assuntos de Ciência Tecnologia e Inovação. 09/01/2025. Disponível em: https://consecti.org.br/noticias/hospital-albert-einstein-algoritmos-ia-e-inovacao-salvam-vidas/. Acesso em: 16/01/2025.

Murugan, Ambigapathy; Chechare, Tushar, Muruganantham, B.; Kumar, Ganesh. *Healthcare information exchange using blockchain technology*. ICIITB 2022, ACSR 104, P. 55-69, 2023. Disponível em: https://www.researchgate.net/publication/338971764_Healthcare_information_exchange_using_blockchain_technology. Acesso em: 23/10/2024

NASCIMENTO, Juliana Oliveira. ESG, Gestão e Otimização: a nova era da saúde no rumo da perenidade. In: Nascimento, Juliana Oliveira (coord). Desafios da Saúde na Nova Realidade. São Paulo: Thomson Reuters Brasil, 2023.

OMS publica relatório global e princípios orientadores sobre inteligência artificial na saúde. Nações Unidas Brasil. 28/06/2021. Disponível em: https://brasil.un.org/pt-br/133507-oms-publica-relat%C3%B3rio-global-e-princ%C3%ADpios-orientadores-sobre-intelig%C3%AAncia-artificial-na. Acesso em 03/10/2024.

Projeto Big Data do PROADI-SUS entrega estudo que fomenta a transferência de tecnologia e inovação para o SUS. Hospitais PROADI-SUS. Disponível em: https://hospitais.proadi-sus.org.br/noticias/detalhe/projeto-big-data-do-proadi-sus-entrega-estudo-que-fomenta-a-transferencia-de-tecnologia-e-inovacao-para-o-sus1. Acesso em: 16/01/2025

ROMANO, Thiago. Princípio da Autonomia da Pessoa Humana: Direito Constitucional Fundamental corolário da Dignidade da Pessoa Humana. *In:* SANTANA, Fabio Paulo Reis (coord.). Constituição e Direitos Fundamentais. Londrina: Thoth, 2024.

REIS, Karina Pregnolato. Os sistemas judiciais de saúde brasileiro e norte-americano e o direito comparado. Análise qualitativa e quantitativa da judicialização de medicamentos. *In*: ALMEIDA, Veronica Scriptore F. (org). Um panorama do direito da saúde na perspectiva do direito comparado. Nova York: Lawinter Editions, 2020.

SAAVEDRA, Giovani Agostini. LGPD e *Compliance* na área da saúde: perspectivas e desafios. *In:* NASCIMENTO, Juliana Oliveira (coord). Desafios da Saúde na Nova Realidade. São Paulo: Thomson Reuters Brasil, 2023.

Sistema de Saúde da Flórida é invadido e dados de 1,3 milhão são expostos. Cable News Network (CNN). 04/01/2022. Disponível em https://www.cnnbrasil.com.br/tecnologia/sistema-de-saude-da-florida-e-invadido-e-dados-de-13-milhao-sao-expostos. Acesso em: 23/10/2024.

TAVARES, Maria de Fátima Lobato; BARROS, Cláudia Márcia Santos; ROCHA, Rosa Maria; BODSTEIN, Regina. Avaliação de Iniciativas em Promoção de Saúde: limites e desafios. *In*: BAPTISTA, Tatiana Wargas de Faria (Org.). Políticas, Planejamento e Gestão em Saúde. Rio de Janeiro: Fiocruz, 2015.

Violação a plano de saúde dos EUA afeta 13 milhões de pacientes. CisoAdvisor. 26/04/2024. Disponível em: https://www.cisoadvisor.com.br/violacao-a-plano-de-saude-dos-eua-afeta-134-milhoes-de-pacientes/ Acesso em: 23/10/2024.

VITORINO, Renata de Souza. Saúde no contexto digital: a gestão da saúde suplementar em tempos de big data e inteligência artificial. *In:* NASCIMENTO, Juliana Oliveira (coord). Desafios da Saúde na Nova Realidade. São Paulo: Thomson Reuters Brasil, 2023.

VITÓRIO, João Marcos Cândido; VITÓRIO, Lorena Silva; Vitório. O direito de acesso à saúde pública no Brasil pós pandemia *In*: Tartuce, Fernanda (Coord.) Coronavírus: direitos dos cidadãos e acesso à justiça. São Paulo: Foco, 2020.

ORGANIZAÇÕES SOCIAIS DE SAÚDE NO BRASIL E OS SISTEMA DE GESTÃO COMPARTILHADA DE SAÚDE NA EUROPA

Tatiana Barone Sussa [1]*

Introdução

O presente artigo pretende apresentar a relevância e contexto das Organizações Sociais de Saúde (OSS) no Brasil que contribui para o sistema de gestão compartilhada de saúde do Sistema Único de Saúde (SUS), e os modelos de gestão compartilhada de saúde na Europa, dentro de uma análise no Direito Comparado. Pretende-se abordar e discutir a importância das organizações sociais, bem como sua influência e desenvolvimento no sistema de saúde do Brasil, comparando com o modelo de prestação de saúde de outros países.

Para a compreensão da função das organizações na prestação de serviços pública, se faz necessário a análise das suas origens, e da natureza jurídica assim como suas formas de gestão.

O estudo teve como objetivo identificar como funcionam as Organizações Sociais de Saúde (OSS) no Brasil, através da legislação e de casos práticos

[1] * **Tatiana Barone Sussa**:
-Advogada.
-Graduada em Direito pelo Centro Universitário das Faculdades Metropolitanas Unidas. -Mestranda em Direito da Saúde no PPG da Universidade Santa Cecília, Santos/SP. -Supervisora jurídica no Queiroz Advogados.
-Lattes: http://lattes.cnpq.br/9959676620893614. ORCID: https://orcid.org/0009-0006-8804-3671 .

analisando a relação entre o sistema de gestão compartilhada de saúde no Brasil, que utiliza contratos de gestão com Organizações Sociais, e os sistemas de saúde europeus que empregam contratos de Parceria Público-Privada (PPP).

O estudo traça um paralelo entre a análise do sistema brasileiro e um estudo comparativo dos sistemas europeus que se baseiam em PPPs.

O tema central é a conexão entre a análise do sistema de gestão de saúde brasileiro, baseado em contratos de gestão com Organizações Sociais, e um estudo comparativo de sistemas de saúde europeus que usam contratos de Parceria Público-Privada (PPP).

A metodologia adotada foi qualitativa de caráter exploratório e analítico, com método comparativo, através de pesquisa bibliográfica e documental.

O artigo buscou compreender como os outros países enfrentam desafios de gestão na saúde e quais práticas podem ser adaptadas para o Brasil a fim de fortalecer o modelo brasileiro, garantindo serviços de saúde mais eficientes e de qualidade.

A partir dessa perspectiva, a análise comparativa das OSS se propõe a oferecer uma compreensão aprofundada sobre a legislação brasileira que rege essas organizações, bem como a identificação de aspectos comuns e distintivos em relação aos modelos internacionais, permitindo uma análise crítica e embasada sobre o tema.

1. Organizações Sociais de Saúde no Brasil

As Organizações Sociais de Saúde (OSS) são entidades privadas, sem fins lucrativos, e atuam em parceria com o poder público na área da saúde pública, foram implementadas no Brasil na década de 1990 no contexto de uma reforma gerencial do Estado, com o objetivo de modernizar a administração pública, com o intuito de aumentar a eficiência dos serviços públicos em especial na área da saúde pública.

Conforme Relatório de Avaliação Secretaria Executiva – Ministério da Saúde – Exercício 2023 e Controladoria-Geral da União (CGU, 2023, p. 08):

> "Chegados os anos 1990, surgiu a Nova Administração Pública (*New Public Management*), modelo gerencial que advoga a aplicação de práticas da Administração Privada no serviço público, instituída com a elaboração do Plano Diretor da Reforma do Aparelho de Estado (PDRAE). No tocante à saúde, a implantação da figura das Organizações Sociais (OS) configurou-se como estratégia central do Plano".

Na transformação da Administração Pública brasileira do último século, o modelo de gestão por Organizações Sociais (OS) surge como produção filantrópica e não-lucrativa de serviços públicos e bens (Meneses, 2024, p. 01).

Sobre as organizações sociais, esclarece Matheus Carvalho (2021 p. 968):

> "As organizações sociais são particulares, sem fins lucrativos, criadas pela lei 9.637/98, para prestação de serviços públicos não exclusivos de Estado, tais como ensino, pesquisa científica, desenvolvimento tecnológico, proteção e preservação do meio ambiente, entre outros definidos na própria lei. Assim, como as demais entidades paraestatais, não integram a estrutura da Administração Pública direta ou indireta, não dependendo de lei para a sua criação e as atividades por ela exercidas são aqueles serviços não exclusivos."

O modelo das Organizações Sociais (OS) surgiu como alternativa para auxiliar a administração pública direta a superar suas limitações, especialmente no que se refere à burocracia excessiva na gestão de pessoal e de recursos. No Brasil, essas entidades sem fins lucrativos atuam na gestão e execução de serviços públicos de saúde, com o objetivo de melhorar o acesso e a qualidade do atendimento à população

O principal marco regulatório das Organizações Social (OS) no Brasil ocorreu através da lei n.º 9.637/1998 (Brasil, 1998), que estabeleceu diretrizes para o seu funcionamento e qualificação e relação com o poder público. Essa lei, fundamentada em princípio de eficiência administrativa, parceria público-privada, busca aperfeiçoar e gerar mais eficiência a gestão de serviços públicos através de colaboração entre o Estado e entidades privadas sem fins lucrativos.

Para o enquadramento de uma organização social, a entidade deve cumprir com requisitos rigorosos que assegurem sua capacidade técnica e administrativa na gestão de recursos e serviços públicos. Os requisitos incluem a elaboração de um plano de trabalho específico com os objetivos, metas, atividades e indicadores de desempenhos que serão alcançados, além do compromisso com o cumprimento de metas e indicadores de qualidade estabelecidos no contrato de gestão, prestação de contas transparente e regular ao poder público que demonstrem a aplicação dos recursos e resultados auferidos.

A lei n.º 9.637/1998 (Brasil, 1998), define também os mecanismos de controle das atividades das OS pelos órgãos de fiscalização, como o realizado pelo Tribunal de Contas e Ministério Público. A fiscalização busca garantir que a gestão de recursos e serviços públicos seja realizada de forma eficiente e transparente e em conformidade com os objetivos do contrato de gestão.

Em 2017, o decreto n.º 9.190 instituiu o Programa Nacional de Publicização -PNP (Brasil, 2017), que estabeleceu que as OS poderiam absorver algumas atividades desenvolvidos por órgãos e entidades públicas.

Na prática, as OS, celebram contratos de gestão com o poder público para a execução de serviços de saúde, no contrato é estabelecido de forma detalhada as obrigações e responsabilidade assim como metas e indicadores de desempenho além da forma em que os recursos financeiros serão repassados.

As organizações sociais de saúde atuam na gestão compartilhada entre o Poder Público e a esfera privada, que no caso passou a ser denominada de terceiro setor, por se tratar de entidade

Conforme Sérgio Ruck Bueno (IBROSS, 2024), cerca de 40% da rede hospitalar pública do país tem adotado regimes alternativos de gestão, sendo as parcerias com OSS o modelo mais comum.

As organizações representam uma alternativa para que o poder público flexibilize a gestão da prestação de alguns serviços, incluindo e em especial os serviços de saúde, gerando mais eficiência na contratação de profissionais e aquisição de produtos, o que resulta uma autonomia na gestão dos recursos.

Na área da saúde pública as organizações sociais exercem função primordial, pois contribuem para que o poder público preste de forma mais eficiente os seus serviços, em hospitais, ambulatórios ou pronto atendimentos que são geridos pelas organizações.

O direito à saúde no Brasil é gratuito e universal e um direito de todo o cidadão, conforme a Constituição da República Federativa do Brasil de 1988 (CRFB/1988) (Brasil, 1988), oferecido através do Sistema único de Saúde (SUS), regulamentado pelas leis n.º 8.080/1990 (Brasil, 1990).

O SUS foi criado pela Constituição Federal de 1988 para que todos tivessem o acesso a atendimento público de saúde, e dessa forma foi definido uma formulação política e organizacional nova para o reordenamento das ações de saúde e serviços (Mendes, 2013 p. 132).

Sobre os desafios a implantação do SUS no Brasil, esclarece Aline Arrussul Torres (2011, p. 11)

> "Desde a sua concepção, muitos foram os desafios para a real implantação do SUS como política de Estado. Os avanços percebidos na descentralização e municipalização de ações e serviços, do aumento de cobertura e qualificação da atenção à saúde da população, o conceito de vigilância em saúde, além da efetivação do controle social via Conselhos de Saúde, se configuraram como avanços nesta direção. Entretanto, muitos são ainda os obstáculos nesta trajetória, especialmente no que se refere ao modelo de atenção e gestão."

A principal razão para a implementação das organizações foi oferecer uma alternativa à administração direta que buscava maior eficiência na gestão de recursos e qualidade de serviços, que com uma gestão mais flexível e menos burocrática poderiam otimizar a utilização dos recursos públicos, oferecendo um serviço de saúde mais ágil e eficaz à população.

A fiscalização realizada pelo Tribunal de Contas que é um dos responsáveis pela auditoria das contas e verificação da regularidade da aplicação dos recursos públicos e financeiros. O Ministério Público atua na defesa do patrimônio público e controle da legalidade dos atos da administração.

A fiscalização tem como objetivo garantir a transparência na gestão das organizações e nos cumprimentos dos objetivos estabelecidos. Neste sentido, Matheus Carvalho (2021, p. 970):

> "Além do controle executado pelos órgãos da administração direta, o controle financeiro e contábil deverá ser realizado pelo Tribunal de Contas, além da submissão destas entidades às normas definidas na lei 8.429/92, no que tange às sanções a serem aplicadas pela prática de atos de improbidade administrativa".

Diversas organizações sociais de saúde atuam no setor da saúde pública no Brasil, como o Instituto de Responsabilidade Social Sírio-Libanês que é conhecido pela excelência na gestão hospitalar e atuação em pesquisas, assistência médica de alta complexidade e ensino, a instituição realiza a gestão do Hospital Municipal Infantil Menino Jesus que é referência no atendimento de crianças e adolescentes (de 0 a 17 anos) no município de São Paulo, o hospital tornou-se especializado no tratamento de malformações congênitas recebendo em 2018 a Certificação Nível 1 da ONA (Organização Nacional de Acreditação), sendo também inaugurada no mesmo ano uma nova ala da Escola de Transplantes resultando da parceria entre o Hospital Sírio-Libanês e o Ministério da Saúde através do Proadi-SUS que amplia o atendimento a crianças com Síndrome do Intestino Curto (SIC) e graves patologias no fígado, em 2020 o hospital em nova avaliação conquistou a certificação da ONA Nível 2 e em 2022 Nível 3 que é a máxima certificação da organização, que confere a excelência na gestão (IRSL, 2024).

No Brasil, ainda existe muita resistência e críticas quanto as organizações sociais, devido à falta de transparência e *accountability* que são resultados do atual modelo das organizações, bem como pela ausência de mecanismos seguros que garantam o acesso da população as informações sobre os contratos, gastos de recursos públicos e resultados dificultando a responsabilização por irregularidades.

Outro desafio apontado pelos críticos do modelo das OSS, diz respeito a dificuldade na fiscalização e controle de metas estabelecidas nos contratos, devido à complexidade dos serviços e flexibilidade administrativa concedida as organizações que podem dificultar a avaliação do cumprimento de metas e identificação nas falhas de gestão.

Os setores que ainda possuem resistência ao modelo das organizações sociais por entenderem se tratar de privatização indireta da saúde, também representa um desafio a sua implementação. No contrato de gestão, os serviços públicos são transferidos para entidades privadas que apesar de não terem fins lucrativos, representa uma preocupação em razão de perda parcial do controle do estado sobre o serviço público de saúde, bem como sobre a possibilidade de privilégios para alguns grupos em detrimento da população em geral.

Alguns especialistas enxergam esse tipo de gestão como uma desestatização de serviços públicos essenciais o que gera preocupação sobre a dificuldade de identificação das OS autênticas e sobre a não utilização adequada do modelo que deve ser regido com transparência gerando valor público em saúde (Meneses, 2024, p. 01).

Para Travagin (2017, p. 996) as OS vieram em um processo internacional de desmonte dos sistemas de proteção social, e o setor privado, fruto de um processo longo e histórico privatista de assistência à saúde, em uma onda neoliberal "importada" em 1990.

A gestão da saúde pública por organizações sociais, também é visto por alguns *"como parte processo de desestruturação da proteção social em um contexto de reforço ao capital"* (Travagin, 2017, p. 995)

As OSS ainda enfrentam resistências e desafios no Brasil, e necessitam de aperfeiçoamentos em seus mecanismos de transparência e prestação de contas, que poderá ser realizado através de plataformas digitais públicas que permitam que a população acompanhe os resultados e participação na fiscalização, além dos instrumentos de controle fiscalização com a ampliação da atuação dos Tribunais de Contas e do Ministério Público. A capacitação dos gestores para o acompanhamento dos contratos além da promoção do debate democrático sobre as organizações, trazendo a sociedade o consenso sobre os limites da atuação das organizações e garantindo o acesso universal e igualitário aos serviços de saúde pública.

O sistema de gestão compartilhada do SUS, estão embasados na cooperação e participação entre os diferentes entes federativos, que buscam garantir a universalidade e integridade do sistema de saúde.

A regionalização, descentralização, e hierarquização da saúde são fundamentos básicos para uma organização mais eficaz de prestação dos serviços de saúde, que promove o acesso igualitário para todos os cidadãos.

A integralidade do cuidado, a participação social e a busca pela melhoria contínua nos serviços públicos de saúde são os princípios que norteiam a gestão compartilhada e promove uma atuação colaborativa e integrada entre os gestores e profissionais de saúde.

2. Organizações Sociais de Saúde no Direito Comparado

As organizações sociais de saúde representam uma gestão compartilhada na prestação de serviços públicos de saúde, alguns países adotam este modelo, com a participação de entidades sem fins lucrativos.

O modelo adotado pelo Brasil, através das OSS, apresenta diferenças e similaridades aos modelos de outros países.

No tocante a autonomia administrativa e financeira, encontramos algumas semelhanças, nos contratos de gestão com metas de desempenho e participação de entidades privadas ou entidades sem fins lucrativos na prestação de serviços públicos de saúde.

Conforme Mânica (2016, p 16):

> Nessa perspectiva, observa-se que nos últimos anos elevou-se a implantação de parcerias público-privadas no setor de saúde, justamente por conta dos saldos positivos decorrentes de sua adoção por diversos Estados. Vale ressaltar que existem mais de 280 contratos de parcerias na área da saúde ao redor do globo em países como Alemanha, Austrália, Canadá, Chile, Espanha, Finlândia, França, Itália,

Peru, Polônia, Portugal, Reino Unido, Suécia, Turks and Caicos, entre outros.

Os modelos de parceiras público-privadas (PPP) estão sendo adotadas pelo mundo e em especial na Europa com o objetivo de inovar os sistemas tradicionais de saúde pública tornando-os mais eficientes (Trazona et al, 2016, p. 1)

No tocante a fiscalização e na transparência, há uma variação conforme a cultura de gestão adotada por cada país.

2.1 Reino Unido e o Serviço Nacional de Saúde (NHS)

Diferente dos EUA, o Reino Unido adota um sistema de saúde público através do Serviço Nacional de Saúde (NHS) desde 1948 na qual serviu de modelo para a criação do SUS no Brasil em 1990 (Magnus, 2024).

O Reino Unido conforme Mânica (2016) *"é berço dos sistemas nacionais de saúde... foi pioneiro na adoção dos contratos de parceria público-privada"*.

Estima-se que 90% da população do Reino Unido é usuária do NHS, que é um sistema de assistência hierarquizado na qual existe a figura do médico da família, chamado de *general practitioner* – GP ou médico generalista (Magnus, 2024).

O Serviço Nacional de Saúde do Reino Unido, opera através de entidades com autonomia administrativa, financeira e organizacional sob contrato com o governo, fornecem serviços de saúde com eficiência. Auditorias são realizadas pela *Care Quality Commission* (CQC), que é reguladora independente de saúde e assistência social da Inglaterra (CQC, 2024) que atua com rigorosa supervisão financeira a fim de garantir o cumprimento de metas e qualidade dos serviços.

Um ponto característico dos contratos de Parcerias Público-Privadas inglês se refere aos serviços envolvidos, pois não incluem os serviços de saúde "bata branca", incluindo apenas os serviços de construção e equipamentos e apoio operacional "bata cinza" (Mânica, 2016).

2.2 Espanha e o Modelo "Alzira" de Saúde

A Espanha adota um modelo de gestão mista, na qual se destaca o modelo chamado "Alzira", que é o nome dado ao sistema de parceria público-privada (PPP) para gestão de concessões de assistência médica (Alzira, s/d, s/p). Neste sistema, empresas privadas gerenciam hospitais públicos através de um contrato de concessão que é uma parceria público-privada (PPP).

Segundo Mânica (2016), a primeira PPP no setor de saúde na Espanha ocorreu com a construção e gestão do Hospital de Alzira, em Valência que foi inaugurado em 1999, no qual o contrato previa a construção do hospital e gestão dos serviços clínicos e não clínicos, durante o prazo de 10 anos tendo a possibilidade de se renovar o contrato para mais 15 anos, porém o contrato foi rescindido em 2003, sendo substituído por outro contrato de serviço "bata cinza" (infraestrutura) e "bata branca" (serviços de saúde).

O modelo Alzira, surgiu em 1999, quando o Hospital público La Ribera, adotou a gestão privada no município valenciano de Alzira (Alzira, s/d, s/p).

O modelo de colaboração público-privada "Alzira", tem como características, o financiamento público que é um sistema de compensação através de um pagamento por capitação, a administração pública paga à empresa concessionária um valor fixo anual e estabelecido anteriormente, para cada um dos habitantes cedidos, a se mantém a natureza pública do serviço de saúde prestado, que é realizado em um hospital público, construído em terreno público que pertence à rede pública de hospitais, a empresa concessionária fica sujeita ao cumprimento das cláusulas estabelecidas no caderno de encargos, e a administração tem poder de inspeção e supervisão além de poderes regulatórios e sancionatórios, a prestação do serviço de saúde é adjudicada por prazo estabelecido a uma concessionária que se compromete ao bom funcionamento e gestão do serviço público (Alzira, s/d, s/p).

Controvérsias surgiram questionando a qualidade desses serviços e geração de lucros excessivos o que levou a uma reforma e maior fiscalização para garantir a eficiência e equidade nos atendimentos.

Apesar do sistema de gestão compartilhada no modelo Alzira, o hospital de Ribera assim como outros hospitais de Valencia, enfrentam problemas estruturais e de prestação de serviço. (Alzira, s/d, s/p).

A última edição do Boletim Científico do Instituto de Estudos de Saúde Suplementar (IESS) que é uma organização sem fins lucrativos, através de um estudo conduzido na Espanha intitulado *"A cost and performance comparison of Public Private Partnership and public hospitals in Spain"*, que avaliou o custo e desempenho de hospitais geridos por PPPs e hospitais públicos, conclui que *"há caminhos para alcançar resultados muito positivos, como a redução de custos e a melhoria dos serviços prestados à população"* (IESS, 2016, s/p). O modelo tem sido adotado de forma crescente na Europa, para inovar a gestão de saúde tornando-a mais eficiente, e na Espanha o estudo avaliou cinco hospitais que são geridos por PPPs e comparou os resultados aos hospitais de rede pública, os indicadores utilizados foram: média de atendimento nas primeiras consultas, tempo de espera na primeira consulta, taxa de operações de fratura de quadril com mais de 2 dias de atraso e custo do material nas unidades de emergência (IESS, 2016, s/p).

O estudo da IESS, também concluiu que as PPPS apresentaram resultados superiores nas questões relacionadas a atendimento, atendendo em média 7,3 milhões de primeiras consultas os das redes públicas tradicionais atenderam 4,9 milhões, porém no tocante aos custos médios de materiais e medicamentos os hospitais públicos apresentaram resultado melhor do que os privados, mas esse resultado segundo o estudo, deve ser avaliado com cautela, pois *"o tamanho da rede pública pode, facilmente justificar uma negociação para a aquisição desses produtos com custo inferior, aos que apenas cinco PPPs teriam condições de alcançar"* (IESS, 2016, s/p).

2.3 Portugal e o Sistema Nacional de Saúde

O Sistema Nacional de Saúde (SNS) português foi criado em 1979, oferecendo serviço de saúde pública universal e gratuito, financiado especialmente por via de impostos.

A partir de 2001, o país passou a adotar um sistema de gestão compartilhada, através de contratos de Parcerias Público-Privadas (PPPs), para a construção e gestão de hospitais por empresas privadas.

Conforme esclarece Mânica (2016), o sistema português adotou dois modelos semelhantes ao adotado pelo Reino Unido, o modelo de parceria para a construção e gestão de hospitais, sendo a gestão dos serviços de saúde mantidas pelo Poder Público, e um segundo modelo que envolve dois tipos de contratos, um para a construção e administração dos hospitais com prazo em regra de 30 anos e outro para serviços médico em regra com o prazo de 10 anos, adotando os contratos "bata cinza" e "bata branca".

O sistema de saúde português também adota as Unidades de Saúde Familiar (USF), que é um modelo de gestão inovador de cuidados primários, com equipes multiprofissionais com autonomia financeira e organizacional, com metas de qualidade e eficiência a serem cumpridas.

Os hospitais geridos como empresas públicas são chamados de Entidades Públicas Empresariais (EPE), possuem maior autonomia administrativa e financeira, e mantêm os princípios do SNS.

A fiscalização em Portugal fica a cargo do Tribunal de Contas e da Inspeção-Geral das Atividades em Saúde (IGAS) que é um serviço central do Ministério da Saúde em Portugal.

Conclusão

Através de um diálogo com modelos internacionais de gestão compartilhada na área da saúde, e feita uma análise comparativa das Organizações Sociais de Saúde no Brasil, revelou-se a complexidade e os desafios inerentes à busca por eficiência na prestação de serviços públicos de saúde. A experiência brasileira, apesar de mostrar avanços na flexibilidade administrativa e ampliação da cobertura de serviços de saúde públicos, ainda enfrenta dificuldades e obstáculos relacionados à transparência, fiscalização e resistência ideológica relacionada ao modelo de parcerias com o terceiro setor.

O estudo comparado com os modelos de serviços públicos de saúde do Reino unido, Espanha e Portugal, mostra que não há um modelo ideal ou único, e sim diversas formas de organização conforme as distintas realidades políticas, institucionais e sociais.

A gestão pública exige um equilíbrio entre o controle estatual, autonomia organizacional e mecanismos de fiscalização e responsabilização.

No contexto brasileiro, o modelo das Organizações Sociais de Saúde, necessitam de ajustes que garantam uma maior participação social, a *accountability* e acompanhamento e fiscalização dos contratos de gestão.

A adesão de práticas internacionais, como a fiscalização independente e a segmentação contratual dos modelos "bata cinza" e "bata branca" podem contribuir para a qualificação do sistema.

Portanto, conclui-se que a consolidação de um modelo sustentável de gestão compartilhada na saúde, dependem da capacidade de um aperfeiçoamento institucional constante, da transparência na execução dos contratos e do fortalecimento de instrumentos de controle jurídico e social que assegurem a prestação de serviço de saúde pública como um direito universal e dever do Estado, com serviços prestados de forma eficiente, igualitária e de qualidade.

Referências

BRASIL. Lei n.º 9.637/1998. Dispõe sobre a qualificação de entidades como organizações sociais, a criação do Programa Nacional de Publicização, a extinção dos órgãos e entidades que menciona e a absorção de suas atividades por organizações sociais, e dá outras providências. Disponível em: https://www.planalto.gov.br/ccivil_03/leis/l9637.htm#:~:text=LEI%20N%C2%BA%209.637%2C%20DE%2015%20DE%20MAIO%20DE%201998.&text=Disp%C3%B5e%20sobre%20a%20qualifica%C3%A7%C3%A3o%20de,sociais%2C%20e%20d%C3%A1%20outras%20provid%C3%AAncias.. Acesso em: 15/12/2024

BRASIL. Decreto n.] 9.190 de 1 de novembro de 2017. Disponível em: https://www.planalto.gov.br/ccivil_03/_ato2015-2018/2017/decreto/d9190.htm. Acesso em: 15/12/2024.

BRASIL. Constituição da República Federativa do Brasil de 1988. Disponível em: https://www.planalto.gov.br/ccivil_03/constituicao/constituicao.htm. Acesso em: 15/12/2024.

BUENO. Sérgio Ruck Bueno. Instituições Públicas apostam nas parceiras. Modelos Alternativos de gestão junto a fundações e organizações sociais permitem mais flexibilidade e ganham espaço. Matéria da Revista Valor Saúde.

Disponível no site: IBROSS. https://www.ibross.org.br/modelo-de-oss-mostrado-em-numeros-crescentes-na-revista-valor-saude/. Acesso em: 15/12/2024

CARVALHO. Matheus. Manual de direito administrativo. 9 ed. Ver ampl e atual. Salvador: JusPODIVM, 2021.

CGU. Relatório de Avaliação Secretaria Executiva – Ministério da Saúde – Exercício 2023 e Controladoria-Geral da União. Disponível em : https://drive.google.com/drive/folders/1JPViQ9usH324ZaqkOz7rTvDIl7iz7wg7. Acesso em: 15/12/2024

CQC. Somos a CQC, a reguladora independente de saúde e assistência social na Inglaterra. Disponível em: https://www.cqc.org.uk/ Acesso em: 15/12/2024

IRSL. Hospital Municipal Infantil Menino Jesus. Disponível em: https://irssl.org.br/unidades_e_servicos/hospital-municipal-infantil-menino-jesus/#0. Acesso em: 15/12/2024.

INSTITUTO DE ESTUDOS DE SAÚDE SUPLEMENTAR (IESS). PPP: um modelo a ser considerado também para a saúde. *IESS – Instituto de Estudos de Saúde Suplementar*, 18 jan. 2023. Disponível em: https://www.iess.org.br/publicacao/blog/ppp-um-modelo-ser-considerado-tambem-para-saude. Acesso em: 8 maio 2025.

TRAVAGIN. Letícia Bona. O avanço do capital na saúde: um olhar crítico às Organizações Sociais de Saúde. Saúde Debate. Rio de Janeiro, v, 41 N. 115. P. 995-106, out dez -2017. DOI: 10.1590/0103-1104201711501. Acesso em: 15/12/2024.

MAGNUS, Paulo. O que o Sistema Nacional de Saúde do Reino Unido tem a ensinar para a gestão em Saúde no Brasil. Matéria disponível no site Medicina S/A. https://medicinasa.com.br/mv-paulomagnus-uk/. Acesso em: 15/12/2024

MÂNICA. Fernando Borges. Parcerias público-privadas no setor de saúde: um panorama das concessões administrativas no Brasil e no Mundo. Disponível em>: chrome-extension://efaidnbmnnnibpcajpcglclefindmkaj/https://fernandomanica.com.br/wp-content/uploads/2023/04/2016.12-Parcerias-Publico-Privadas-no-setor-da-Saude-um-panorama-das-concessoes-administrativas-no-Brasil-e-no-mundo.pdf. Acesso em: 15/12/2024

MÂNICA. Fernando Borges. Os três modelos de parcerias público-privadas no setor de saúde: um breve olhar para a experiência internacional. Matéria pública em Direito do Estado em 29/09/2016. Disponível em: http://www.direitodoestado.com.br/colunistas/fernando-borges-manica/os-tres-modelos-de-parcerias-publico-privadas-no-setor-de-saude-um-breve-olhar-para-a-experiencia-internacional. Acesso em: 15/12/2024

MENDES. Karyna Rocha. Curso de Direito da Saúde, São Paulo, Saraiva, 2013.

MENESES. Abel Silva de. Contribuição das organizações sociais para a gestão da atenção primária à saúde. Enferm Foco. DOI https://doi.org/10.21675/2357-707X.2024.v15.e-EDT20240002 Disponível em: chrome-extension://efaidnbmnnnibpcajpcglclefindmkaj/https://enfermfoco.org/wp-content/uploads/articles_xml/2357-707X-enfoco-15-e-EDT20240002/2357-707X-enfoco-15-e-EDT20240002.pdf. Acesso em: 15/12/2024.

MODELO ALZIRA. *Modelo Alzira*. Disponível em: https://www.modeloalzira.com/. Acesso em: 8 maio 2025.

MODELO ALZIRA. Notícias. *Modelo Alzira*. Disponível em: https://www.modeloalzira.com/noticias/. Acesso em: 8 maio 2025.

NORONHA. José Carvalho et al. O sistema de saúde dos Estados Unidos. SciELO Books. Editora FIOCRUZ. 1995. Disponível em: chrome-extension://efaidnbmnnnibpcajpcglclefindmkaj/https://books.scielo.org/id/znggyg/pdf/buss-9788575414026-06.pdf. Acesso em: 15/12/2024

TORRES. Aline Arrussul. Dissertação de mestrado profissional "Gestão compartilhada em saúde: o estudo de caso de uma unidade de atenção primária à saúde em Porto Alegre, RS". Faculdade de Medicina - pós-graduação em epidemiologia. Universidade Federal do Rio Grande do Sul. Disponível em: https://lume.ufrgs.br/handle/10183/142820. Acesso em: 16/12/2024

TRAVAGIN. Letícia Bona. O avanço do capital na saúde: um olhar crítico às Organizações Sociais de Saúde. Saúde Debate. Rio de Janeiro, v, 41 N. 115. P. 995-106, out dez -2017. DOI: 10.1590/0103-1104201711501. Acesso em: 15/12/2024.

TRAZONA. Maria Caballer; CONSUELO. David Vivas. A cost and performance comparison of Public Private Partnership and public hospital in Spain. Health Economics Review. 6, Article number: n. 17, 2016. Disponível em: [S.l.], v. 6, n. 17, 2016. Disponível em: https://healtheconomicsreview.biomedcentral.com/articles/10.1186/s13561-016-0095-5. Acesso em: 8 maio 2025. Acesso em: 8 maio 2025.

DIREITO DA SAÚDE COMPARADO – ASPECTOS GLOBAIS EM EVIDÊNCIA
OPORTUNIDADES, DESAFIOS E IMPACTOS

Lawinter Editions present concise summaries of cutting-edge research and practical applications across a wide spectrum of Law fields.

Featuring compact volumes of 100 to 250 pages, Lawinter Editions cover a range of content from professional to academic.

Typical topics might include:

* A timely report of state-of-the art analytical Law techniques.

* A bridge between new research results, as published in journal articles, and a contextual literature review.

* A snapshot of a hot or emerging Law topic.

* A presentation of core concepts that students must understand in order to make independent contributions.

Lawinter Editions in Law showcase emerging theory, empirical research, and practical application of Law from a global author community.

Lawinter Editions are characterized by fast, global electronic dissemination, standard publishing contracts, standardized manuscript preparation and formatting guidelines, and expedited production schedules.

Send all inquiries to:

Lawinter Editions: editions@lawinter.com .

LAWINTER EDITIONS
New York - Zürich

ISBN: 978-3-03927-044-6

LAWINTER EDITIONS
New York - Zürich